微电子封装技术

胡永达　李元勋　杨邦朝　编著

科学出版社

北京

内 容 简 介

本书概括了目前使用的主流封装技术，主要介绍芯片的第一、二级封装，注重内容的系统性和实用性。全书分为 4 章，第 1 章介绍了微电子封装的概念和范畴；第 2 章介绍了芯片的键合方式，包括引线键合、载带焊和倒扣焊；第 3 章介绍了表面贴装和插装技术，介绍了铅锡焊料和无铅焊料；第 4 章介绍了塑封技术和所采用的高密度封装基板。

本书可以作为芯片封装和表面组装课程的教材，还可以作为广大从事电子信息产品制造工作的工程技术人员、管理干部和高校相关专业师生的参考用书。

图书在版编目(CIP)数据

微电子封装技术／胡永达，李元勋，杨邦朝编著．—北京：科学出版社，2015.2（2024.1 重印）
ISBN 978-7-03-043442-5

Ⅰ.①微… Ⅱ.①胡… ②李… ③杨… Ⅲ.①微电子技术-封装工艺-高等学校-教材 Ⅳ.①TN405.94

中国版本图书馆 CIP 数据核字（2015）第 036070 号

责任编辑：张 展 黄 嘉／责任校对：彭 映
责任印制：罗 科／封面设计：墨创文化

科学出版社出版
北京东黄城根北街16号
邮政编码：100717
http://www.sciencep.com

成都锦瑞印刷有限责任公司印刷
科学出版社发行 各地新华书店经销

*

2015 年 2 月第 一 版　开本：B5(720×1000)
2024 年 1 月第七次印刷　印张：10
字数：210 000
定价：42.00 元
（如有印装质量问题，我社负责调换）

前　　言

随着现代电子技术的飞速发展和移动互联网及物联网技术的普及，电子产品对便携、高速、低成本、多功能的要求与日俱增。近年来，半导体微电子技术高速发展，其相关产品的生产也出现了更加全面的分工协作，在全球已逐渐形成集成电路设计、制造、封装与测试三大产业群。其中，微电子封装与测试已经从芯片制造中独立出来，形成一个蓬勃发展的行业，成为半导体产业的支柱之一。

我国正处在微电子工业蓬勃发展的时代，作为世界第三大电子信息产品的制造国，世界许多著名的微电子技术公司把大量一级、二级封装转入我国生产，推动了我国封装技术的发展。目前，微电子封装材料及封装技术的开发和研究越来越受到重视，社会上对有关封装材料及封装技术出版物的需求日益增多，很多学校也开设了这一专业课程或学科方向。

电子组装和集成电路封装产业的发展，迫切需要许多掌握相关知识和技术的人才。本书较系统且尽量全面地阐述封装材料及封装技术，在参考微电子封装相关文献的基础上，结合作者在微电子封装领域的工作经验，对芯片键合、元器件组装和塑封技术等在封装中大量采用的材料和技术手段进行了较为详细的介绍。

全书由李元勋、胡永达、杨邦朝共同完成，最后由杨邦朝教授完成了全书的统稿与整理。本书第1章介绍了微电子封装的概念和范畴，第2章主要介绍了芯片的键合方式，第3章介绍了表面贴装和插装技术及焊锡材料，第4章介绍了塑封技术和高密度布线基板。各章是相对独立的，可以根据教学要求进行取舍。

作者在编写本书的过程中参考了众多文献，未能一一列出，在此向原作者致敬。

最后还要感谢广东省引进创新科研团队计划资助（项目编号：201001D04713329）及广东省战略性新兴产业核心技术攻关项目资助（项目编号：2012A090100001）对本书出版的支持。

由于作者水平有限，书中难免存在不足之处，恳请广大读者批评指正。

目 录

第1章 电子封装概述 ... 1
1.1 电子封装的定义和范围 ... 2
1.1.1 电子封装的作用与功能 ... 2
1.1.2 电子封装的层次 ... 5
1.2 IC封装的发展历史和种类 ... 6
1.3 电子封装所涉及的技术课题 ... 11

第2章 芯片键合 ... 14
2.1 IC芯片贴装 ... 14
2.1.1 金属共晶体芯片贴装 ... 15
2.1.2 焊锡芯片贴装 ... 16
2.1.3 玻璃芯片贴装 ... 17
2.1.4 有机粘接芯片贴装 ... 17
2.2 芯片引线键合 ... 19
2.2.1 IC芯片引线键合 ... 19
2.2.2 热压球焊 ... 20
2.2.3 热超声球焊 ... 20
2.2.4 引线楔形焊 ... 22
2.2.5 WB的性能 ... 24
2.2.6 WB的可靠性 ... 24
2.3 TAB技术 ... 26
2.3.1 TAB的制造 ... 27
2.3.2 芯片上凸点的制造 ... 30
2.3.3 内引线键合 ... 31
2.3.4 芯片密封 ... 34
2.3.5 OLB ... 34
2.4 芯片的倒装焊接技术 ... 35

  2.4.1　芯片倒装互连接结构 ································ 37
  2.4.2　芯片凸点下金属化 ·································· 38
  2.4.3　凸点制作 ·· 40
 2.5　倒装芯片下填充 ·· 48
 2.6　倒装芯片互连接成品的电性能和可靠性 ················ 50

第3章　外引线焊接技术 ·· 53
 3.1　焊接机理简介 ·· 54
 3.2　波峰焊技术 ··· 56
  3.2.1　助焊剂涂覆 ··· 57
  3.2.2　预热 ··· 58
  3.2.3　焊接 ··· 59
  3.2.4　热风刀技术 ··· 60
 3.3　再流焊技术 ··· 61
  3.3.1　点胶技术 ··· 61
  3.3.2　贴片工艺 ··· 62
  3.3.3　焊膏印刷 ··· 63
  3.3.4　再流焊 ·· 68
  3.3.5　清洗 ··· 75
 3.4　BGA ·· 78
  3.4.1　BGA的种类 ·· 79
  3.4.2　BGA的焊接质量检测技术 ······················· 87
 3.5　CSP ··· 89
  3.5.1　CSP的特点 ··· 89
  3.5.2　挠性基板CSP ·· 90
  3.5.3　刚性PCB基板的CSP ······························ 91
  3.5.4　晶圆级芯片尺寸封装 ······························· 92
 3.6　焊料 ·· 95
  3.6.1　铅锡焊料 ··· 95
  3.6.2　无铅焊料 ··· 98

第4章　塑封技术 ··· 103
 4.1　塑料封装 ·· 103
  4.1.1　简介 ··· 103

4.1.2　塑封的工艺流程 …………………………………… 106
4.2　塑封用材料 ……………………………………………… 110
　　4.2.1　引线框架 …………………………………………… 110
　　4.2.2　塑封用聚合物 ……………………………………… 114
　　4.2.3　COB 技术 …………………………………………… 124
4.3　塑料封装的主要失效模式 ……………………………… 125
4.4　PBGA 封装 ……………………………………………… 131
　　4.4.1　PBGA 封装的特点 ………………………………… 131
　　4.4.2　塑料 BGA 封装结构和制造工艺 ………………… 132
4.5　树脂基板的制造技术 …………………………………… 134
　　4.5.1　传统 PCB 的制作技术 …………………………… 135
　　4.5.2　HDI 制作技术 ……………………………………… 139
　　4.5.3　PBGA 封装结构和制造工艺 ……………………… 146

主要参考文献 ………………………………………………… 149

第 1 章 电子封装概述

目前,电子信息技术已经深入到国民经济的各个领域,与我们的日常生活息息相关。电子信息技术的飞速发展,成为当今世界经济和社会发展的重要驱动力,极大地改变了人们的生活和工作方式,其发展程度也成为一个国家国力强弱的重要标志之一。信息产业已成为我国的战略性、基础性和先导性支柱产业,而半导体集成电路(IC)技术则是电子信息技术的基石。近年来,随着半导体微电子技术的高速发展,在全球已逐渐形成了电子设计、电子制造和电子封装与测试三大产业群,成为半导体产业的三大支柱。在设计、制造、封装和测试相对独立的电子产业中,电子封装与测试产业群与前二者相比,属于高技术劳动密集型产业,每年需要大批高中级技术人才。同时,电子封装与测试涉及的学科技术范围广,带动的基础产业多,近年来在我国迅速发展。

20 世纪 90 年代中期以后,先进工业国家的 IC 已跨入高密度封装时代,人们对电子整机性能的提高更多地转向了产品的封装技术。随着 CMOS 工艺的不断发展,半导体芯片的线宽越来越小,按照摩尔定律继续缩小的局限性日渐凸显。电子系统设计师们开始越来越多地转向以多芯片封装,而不是继续依赖在单一芯片上集成更多的器件来提高系统性能。要满足这些功能,除了依赖芯片设计与制造技术的快速发展之外,对封装技术也提出了更高要求。因此,20 世纪 90 年代以来,微电子封装技术获得了"爆炸式"的发展。所表现出来的一个非常显著的特点是,微电子封装迅速从面向器件逐步转为面向系统、面向最终用户,电子封装的功能也在此基础上得到了极大的丰富与扩展。

近年来,半导体及 IC 的发展以每年 30%的速度增长。2012 年,世界 IC 产值就已达到 3000 亿美元,形成了一个巨大的信息产业,发展 IC 对电子封装的重要作用就越加突出。一般说来,一代电子整机,便有对应的一代电路、一代器件和一代电子封装。在微电子技术领域,芯片设计、芯片制造工艺和芯片封装三者已成为公认的缺一不可的技术重点。

现在,随着更多的新型电子器件的出现,如 MEMS(微电子机械系统)、MOEMS(微光电子机械系统)的大力发展,电子封装从纯粹的芯片封装,扩展到了对电子机械、光电等器件的封装。因此，微电子封装直接影响着 IC 和器件的电、热、光及机械性能，还影响其可靠性和成本。在全世界范围内，随着"后摩尔时代"的到来，电子信息产业的竞争从某种意义上来说将主要体现在电子产品的封装方面。电子封装已从早期的为芯片提供机械支撑、保护和电热连接功能，发展至如今逐渐融入芯片制造技术和系统集成技术之中。同时，微电子封装还对整机、系统的小型化起着关键作用。

微电子器件封装是多学科的融合技术，它广泛涉及材料、电子、热学、机械、化学、可靠性等多种学科，是微电子器件发展不可分割的重要组成部分，日益受到工业界与学术界的广泛关注与重视。

电子产品向着轻薄短小、高频化方向发展，对电子封装起到强烈的推动作用。特别是移动通信产品，已从单一的通话功能，发展到现在集通信、摄像、照相、上网等功能于一体的现代综合型电子产品，今后几年其性能还会进一步提高，这也成为促进电子封装产业迅速发展的一个引擎。目前，许多跨国公司正集中力量开发将信息、通信、家电融为一体的终端电子产品。小型化、轻量化、高性能化、多功能化、低功耗化和低成本化，已成为这类电子产品的战略发展目标，并推动着微电子技术的进步与发展。

1.1　电子封装的定义和范围

1.1.1　电子封装的作用与功能

电子封装，是指把构成电子组件、模块的各个元件和芯片，按规定的电路要求合理布置、组装、键合、互连，并与外部环境隔离从而达到保护的一种综合的设计与制造技术。电子封装涉及的范围，狭义可泛指器件、芯片或组件的焊接、电互连和包封，广义可扩展到电子整机的组装与调试。电子封装技术随着电路、器件和元件的产生而产生，随着其发展而发展，并与半导体芯片技术的发展关系密切。而且，随着当前信息产业的高速成长，电子封装技术已独立于半导体产业，形成一个封装的新产业。

芯片制造分为前道(front end)工序和后道(back end)工序。前道工序包括裸芯片制作和电性能测试，具体工序有硅片氧化、扩散、离子注入、淀积、蚀刻、光刻、溅射等;后道工序包括芯片划片、粘片、键合、塑封、印字、编带等。通常我们所说的芯片制造主要是指前道工序,后道工序即是封装测试工序。

一般说来,电子封装的基本功能包括电源供给、信号交流、散热、芯片保护、机械支撑等。由于电子产品是由半导体芯片、微型化无源元件和互连组合而成,封装和组装技术就构成了硅芯片等与电子系统之间的桥梁。随着微电子技术的飞速发展和应用范围日益扩大,对微电子封装也提出了更高的要求,以满足IC向小型化、高速化、高密度、高可靠性、大功率、多引脚、耐恶劣环境、长寿命等方向发展的需要。微电子器件封装对微电子技术的发展起着极其重要的作用。

对半导体IC和微电子器件来说,微电子封装具有以下4个基本功能。

1)为芯片提供机械支撑和环境保护

硅芯片的脆性大,不耐受应力作用,通过封装可以防止外力对芯片的损害,还可以使芯片的热膨胀系数(coefficient of thermal expansion,CTE)与框架或基板的相匹配,这样就能缓解由于外部环境变化而产生的应力以及芯片在工作状态发热而产生的应力。

另外,芯片的有源器件主要集中在硅表面的几微米厚度的区域,这些有源器件还通过芯片表面的互连(铝或铜及其绝缘层)连接起来,如图1-1所示。这些区域很容易受到周边环境中的水汽或化学物质的侵蚀。因此,避免芯片受到物理机械损伤或外界化学物质的侵袭,尽可能地维持或不损伤芯片、电子元件、功能部件的性能,是封装的首要目的。

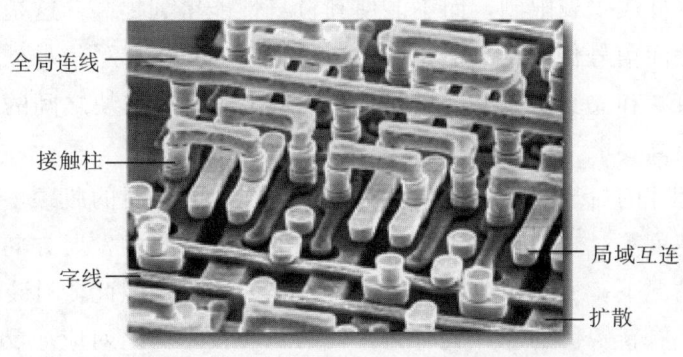

图1-1 IC芯片表面的互连(零级封装)

2)电气连接

封装是实现芯片与其外围元件之间电气连接的重要手段。目前,芯片中MOS管的典型沟道尺寸已经达到32 nm以下,芯片的焊点尺寸达到10 μm数量级，芯片封装外部引脚尺寸达到 100 μm 数量级，再到印制电路的毫米量级的线宽，它们之间的电信号传输、芯片电源驱动，都是通过封装和组装中的互连技术实现的。在这里，封装对电路起到由小到大、由难到易、由复杂到简单的变换作用，从而降低了材料费用和加工费用，提高了工作效率和可靠性。

随着芯片的功耗增加和电路高速化，对信号输入/输出(I/O)波形完整性、稳定的电源火线和地线系统，以及降低电磁干扰的需求与日俱增。对于电源端口，降低电源地线上的电感、直流电阻以及寄生电容尤为重要；对于信号布线，力求增加 I/O 端数目、减少布线长度、实现阻抗匹配和削减 LCR 的离散。

3) IC 外形的标准规格化

规格通用功能是指封装的尺寸、形状、引脚数量、节距、长度等有标准规格。芯片的 I/O 端口按标准分布，可以获得更易于在装配中处理的引脚节距，达到组装接口标准化，从而提高后续组装中的处理能力。这样既便于加工，也便于与后续工艺配合，满足生产线的通用性要求，对于封装用户、电路板厂家、芯片厂家都很方便。

4) 提供散热通路，散逸半导体芯片工作时产生的热量

随着芯片的时钟频率提高、功能增加，在单位面积上的电力消耗也相应增长，对 IC 的散热也提出了更高要求，冷却散热功能成为应当强化的领域。当芯片的功耗在 2～3 W 以上时，应在封装上安装散热片或者散热器；若芯片的功耗在 5～10 W 以上，则必须强制冷却。

但必须注意的是，电子封装虽然保障了芯片功能的发挥，但是它只能使芯片的电性能降低或受到限制，而不能使其自身性能得到提高。这是因为封装增加了裸芯片之间信号传输的距离，延长了传输时间，延迟了信号处理速度，增大了信号的衰减和失真。另外，封装对芯片或电子组件模块之间的时钟同步性等都提出了更高要求。

目前，芯片的封装问题已经成为微电子系统性能发展的瓶颈，芯片的时钟频率、芯片速度等对封装提出了更加严格的要求。封装的发展方向是，在实现封装功能的情况下，尽量减少封装对芯片性能的影响。因此，封装随着芯片的发展而进步，有新一代的芯片就有新一代的封装技术与之对应。反之，如果对新一代的芯片采用旧的封装方式，则会延迟信号传输速度，加剧信号的衰减和失真，甚至导致 IC 无法使用。

1.1.2 电子封装的层次

电子封装包括两个主要功能,一个是 IC 封装或者叫做元件封装,另一个是系统封装。元件封装包括连接、供电、冷却和对 IC 本身的保护,元件封装起到了芯片载体的作用。元件的封装并不意味着一个特定系统的完成,因为一个系统往往是由很多有源和无源的器件组成的。系统级封装包括连接所有的器件,并将这些器件安装在系统级的电路板上。系统级印刷电路板也叫做主板,不仅仅载有这些器件,同时也提供了这些器件之间的连接,而使之成为有功能的产品。

一般来说,微电子器件的封装和互连可以分为 4 个等级:

(1) 零级封装互连接是指半导体芯片内部的互连,也就是通常所说的裸芯片中各个 MOS 管之间的电连接,用于芯片内部信号传输或提供电源。一般来说,芯片是用铝作为金属化导线,二氧化硅(SiO_2)和有机低介聚合物作为电介质。最近,由于人们成功地用铜取代了铝,从而提高了芯片的导电性,同时采用低介电常数的有机材料,降低了电容,缩短了栅极的延迟时间,降低了互连线间干扰。该部分可以归入半导体芯片的制造领域,属于微电子加工的前道,如图 1-1 所示。

(2) 一级封装是对裸芯片的密封保护,就是将芯片密封,封装成微电子 IC,就是我们平时所看到的 IC,包括半导体芯片与封装外壳的互连接,如引线键合连接、载带自动焊接、焊料凸点键合等。封装可以是陶瓷密封、金属封装或塑料(聚合物)封装。这属于微电子加工的后道。另外一种类型的一级封装是有关多芯片和晶圆级混合 IC 的装配,多半是大规模混合型封装、多器件一体封装等,它们包括多芯片组件(multichip module,MCM)、系统级封装(system in a package,SiP)等。

(3) 二级封装是印刷电路板的组装和装配,是将上一级的各种微电子封装产品、其他类型的元件及少量裸芯片,如 IC 和阻抗元件等,在印制电路板(PCB)上焊接,这一级一般不再对整个电路加以包封。对于高频高密度电路,还包括布线的阻抗控制、连线的精细程度和电磁兼容以及低介电常数的介质材料的应用。

(4) 三级封装是关于插件接口、主板及组件之间的互连接,这是一级密度更高、功能更全、更好也更为庞大复杂的组装技术,是把二级封装后的各个插板或插卡再共同插装在一个更大的母板上构成的,这实际上是一种立体组装技术。

它也涉及一些研究内容，主要是信号传输和电磁兼容。

以上 4 个等级之间的关系可以在图 1-2 中体现出来。这里主要讲解的是一级封装和二级封装中所涉及的互连技术方面的内容。

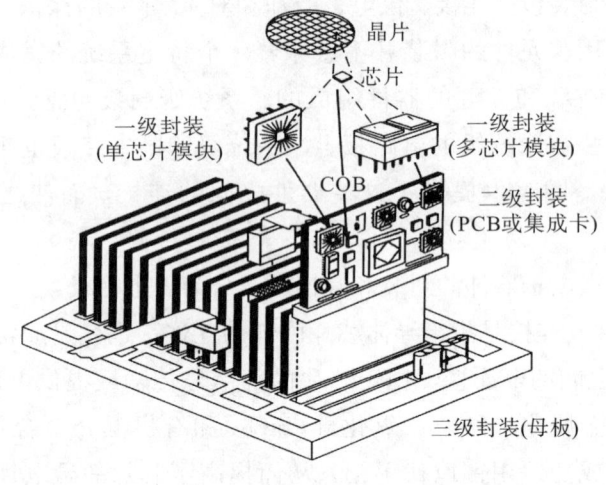

图 1-2　微电子封装的层次

1.2　IC 封装的发展历史和种类

自 1958 年世界上第一块半导体 IC 问世以来，在 50 多年时间里，微电子技术的核心及代表——IC 技术已经历了 5 个时代，即小规模（SSI）、中规模（MSI）、大规模（LSI）、超大规模（VLSI）和甚大规模（ULSI）等时代的发展。但是，芯片并不是一个独立的工作体，为完成电路功能，它必须与其他芯片、外围电路相连接；由于集成度的迅速提高，一个芯片可以有几百条 I/O 端口，信号传输的延时及信号的完整性成为十分突出的问题；随着集成度的提高，单位芯片尺寸产生的热量也急剧增大，如何及时有效地散热，保证芯片电路能在允许温度以下正常工作，就成为又一个十分重要的问题；此外，为了保证芯片电路能在恶劣环境下（水气、化学介质、辐射、震动等）工作，也需要对芯片电路进行特殊保护。由此可见，要充分发挥芯片的性能，必须解决上述几方面的问题，对芯片进行封装是必不可少的。但是，如前所述，必须清楚地认识到对芯片所进行的封装与互连绝不会增加信号强度，也不会改进芯片的性能，而只会限制其性能的发挥。因此,电子封装必须能够赶上芯片发展的步伐,把封装对芯片性能的影响降到最低。

评价一个封装质量的好坏,主要是看其 IC 封装参数,以下的三个参数是最主要的:

(1) I/O 终端数目,终端数目越大,封装引脚间距离就越小。

(2) 芯片的尺寸,它关系到芯片与封装连接的可靠性。

(3) 功率,它影响到芯片以及系统封装的散热功能。

要适应 LSI 的发展,就必须开发新的封装材料,设计新的封装结构形式,以满足电子产品在大功率、高速度、高密度、高精度、高可靠性等方面的需要。而高密度封装总的原则是,在保证可靠性的前提下,提高速度、功率、散热能力,增加 I/O 数,减少尺寸和降低成本。

微电子封装技术是伴随着芯片的进步而发展起来的,一代芯片需要一代封装,它的发展史就是芯片性能不断提高、系统不断小型化的历史。以半导体封装为例,其大致可分为以下几个发展阶段,每个阶段都有其典型的封装形式。

第一个阶段可从 20 世纪 50 年代的晶体管封装开始追溯到 1947 年世界上发明的第一只半导体晶体管,它是以三根引线的 TO 型外壳封装为主,工艺主要是金属玻璃封装工艺。

第二个阶段为 20 世纪 70 年代的通孔插装(THD)时代,封装可由人工用手插入 PCB 的通孔中。芯片以 MSI 为代表,THD 时代以 TO 型封装和双列直插封装为代表,IC 的功能不高,引脚数较小(小于 64),板的装配密度不受重视,引脚间距较大,达到 2.54 mm 或 1.27 mm,引脚数的增加将意味着封装尺寸的增大,最大安装密度是 10 引脚/cm^2。封装材料前期主要是陶瓷封装,为了降低成本,后期推出了塑封技术,其不足之处是信号频率较低,组装密度难以提高,不能满足高效率自动化生产的要求。典型的封装形式有 DIP、SIP、ZIP、PGA 等,见表 1-1 和图 1-3。

表 1-1 微电子封装的主要类型

缩写	名称		特征	
	英文名称	中文名称	材质	针脚或引脚间距
IC针脚插入型 DIP	dual in-line package	双列直插封装	P C	2.54 mm
SIP	single in-line package	单列直插封装	P	2.54 mm (1 方向引线)

续表

缩写	名称		特征	
	英文名称	中文名称	材质	针脚或引脚间距
IC针脚插入型				
ZIP	zigzag in-line package	Z形直插封装	P	2.54 mm（1方向引线）
S-DIP	shrink dual in-line package	紧缩式双列直插封装	P	1.778 mm
SK-DIP	skinny dual in-line package	薄型双列直插封装	C P	2.54 mm 宽度方向引线间距缩短1/2
PGA	pin grid array	针栅阵列封装	C	2.54 mm
IC SMT型				
SOP	small outline package	小外形封装	P	1.27 mm 2方向引线
MSP	mini square package	微方形封装	P	1.27 mm 1.016 mm 4方向引线
QFP	quad flat package	四边引脚扁平封装	P	1.0 mm 0.8 mm 0.65 mm 4方向引线
FPG	flat package of glass	玻璃扁平封装	C	1.27 mm 0.762 mm 2方向引线 4方向引线
LCC	leadless chip carrier	无引线片式载体	C	1.27 mm 1.016 mm 0.762 mm
PLCC	plastic leaded chip carrier	塑料封装有引线片式载体	P	1.27 mm J形弯曲 4方向引线
SOP SOJ	small outline(j-lead)package	小外形（J形）封装	P	1.27 mm J形弯曲 2方向引线
BGA	ball grid array	球栅阵列封装		
CSP	chip scale package	芯片尺寸封装		
TAB	tape automated bonding	载带自动键合		
芯片键合类型				
WB	wire bonding	丝焊		
FC	flip chip	倒装焊		
COB	chip on board	板上芯片		
COF	chip on film	薄膜上芯片		
COG	chip on glass	玻板基芯片		
3D-MCM	three dimensional multichip module	三维多芯片组件		
TF-MCM	thin film multichip module	薄膜多芯片组件		

注：P代表塑料封装，C代表陶瓷封装。

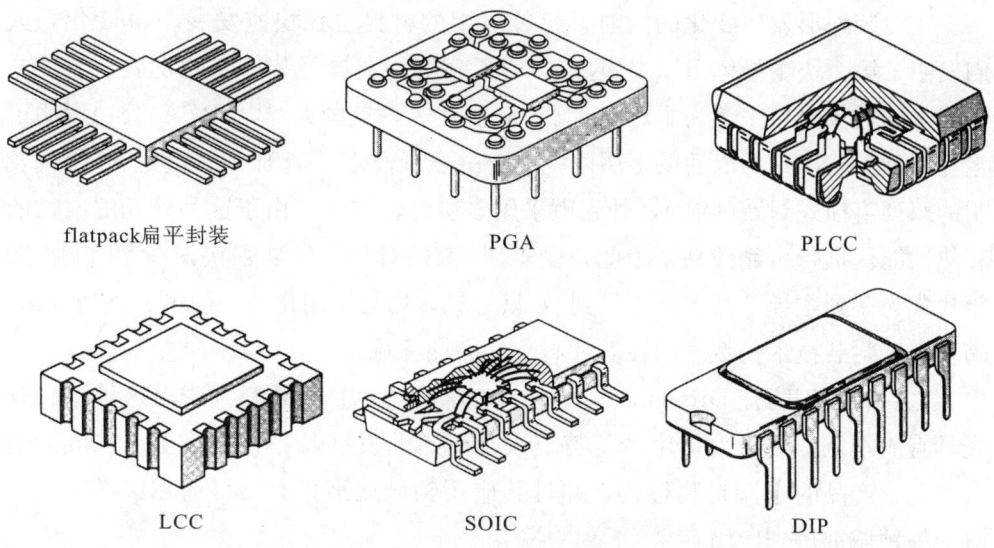

图 1-3 几种典型的微电子封装

第三个阶段是 20 世纪 80 年代开始的表面贴装技术（surface mount technology, SMT）时代，芯片以 VLSI 为代表，SMT 时代的代表是小外形封装（SOP）和四边引脚扁平封装（QFP），可以在 PCB 的两面进行组装，大大提高了引脚数和组装密度，是封装技术的一次革命。当时的贴装技术由日本主导，因此周边引脚的间距为公制（1.0 mm，0.8 mm，0.65 mm，0.5 mm，0.4 mm），并且确定了 80% 的收缩原则，即引脚间距是按照 80% 进行递减，其封装体的尺寸固定而周边的引脚间距根据需要变化，提高了生产率。最大引脚数达到 300，安装密度达到 10~50 引脚/cm^2，此时也是金属引脚塑料封装的黄金时代。SMT 技术具有引线短、引线细、间距小、封装密度高、电性能好、体积小、重量轻、厚度小、易于自动化生产等优点，但是在封装密度、I/O 数目以及电路工作频率方面，难以满足高性能的 ASIC、微处理器芯片发展的需要。

第四个阶段是以 20 世纪 90 年代的球栅阵列（BGA）封装和针栅阵列（PGA）封装为标志，目前实现了芯片尺寸封装（CSP）。BGA 的焊锡球是作为连接点而被排列在封装体的下表面，从而极大地提高了表面安装封装的 I/O 终端数量。现代的小型手提电子产品要求更小、更薄和更轻的产品封装，因而就出现了 CSP，封装体的尺寸与芯片的尺寸相近。BGA 封装的引脚间距为 1.5 mm 和 1.27 mm 两种。引脚间距的扩大降低了失效率并提高了生产效率，BGA 封装的安装密度达到 40~60 引脚/cm^2，见表 1-1 和图 1-3。BGA 封装和 CSP 具有电性能优良、散热快、I/O 数目多等特点，是目前芯片封装的主流。

在封装外形发生变化的同时,封装所用的材料也在快速发展。1958年,人们发明了第一块半导体IC,它迅速推动了多引线金属封装外壳的发展,但工艺仍以金属玻璃封接工艺为主。20世纪50年代末,美国无线电(RCA)公司发明了生瓷流延工艺,这为以后的多层陶瓷工艺的发展奠定了基础。20世纪60年代发明的双列直插式封装(DIP),外壳就采用多层陶瓷技术。由于这种外壳的电性能和热性能优良,可靠性高,因此备受IC厂家的青睐,发展很快,在20世纪70年代成为系列主导产品,从4只到64只管脚,均有实用化产品问世。直到今天,陶瓷多层封装技术仍然应用在芯片封装的高端领域。

之后,由于陶瓷DIP的成本较高,又开发出DIP的塑料外壳。这种塑封外壳具有成本低、便于大量生产等特点,得到迅速发展,一直延续至今,成为消费类电子产品的主流封装形式,并且其应用领域逐渐扩大,目前在医学、航空电子等领域都得到应用。

20世纪90年代以来,专用的IC模块迅速向MCM发展,即把多块裸芯片组装在一块高密度多层布线基板上,并封装在同一外壳中。MCM被认为是当代电子封装的一次革命,发展势头良好,已形成MCM-L、MCM-C、MCM-D、MCM-D/C等多种形式。

随着芯片性能和组装密度的提高,以及更多器件,如光电器件、MEMS与芯片的整合,微电子封装还在不断发展之中,发展趋势见图1-4。

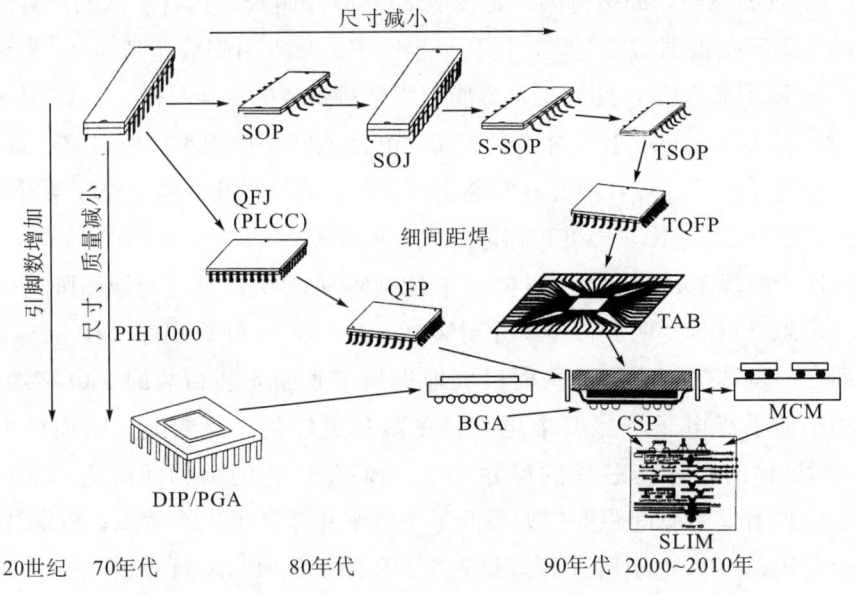

图1-4 微电子封装技术的发展

1.3　电子封装所涉及的技术课题

微电子封装工程与技术覆盖了几乎所有的科学技术领域，除了信息技术、工业技术外，它还涉及物理学、化学、电子工程、计算机工程、机械工程、材料科学与工程、化学工程、加工制造工程、商学、经济学以及管理学，甚至包括环境工程学。随着 IC 芯片大规模生产技术的进步，芯片制造的成本越来越低，从而使得 IC 中封装所占产品总成本的比例越来越高，因此对封装工程师的要求也就越来越高。封装工程师必须受过坚实而系统的教育，包括电子学、机械学、热力学设计和以材料工程学（金属学、陶瓷学、高分子学）为基础的系统制造学。封装工程师还要熟悉封装、测试和安装工艺。

微电子系统封装主要包含三个方面的技术，即电学、机械学和材料科学与工程方面的技术。

电学方面的问题涉及晶体管之间的信号传输，也牵扯到各个晶体管和各个元件之间的电力分配。电阻、电容、电感是引起信号延迟和失真的主要参数。信号衰减是线路电阻引起的，线路电阻引起电压的降低，从而增加传输的时间。千万个晶体管同步开关所引起的电路电流的骤然变化会造成开关噪声。信号分配除了可能引起信号失真、反射和变形外，也会引起线路互相干扰。

材料科学与工程方面的问题涉及在信号与电力分配方面正确地使用材料，例如，在电力分配时要求材料具有高电导率，器件的散热需要应用高导热材料，降低传输噪声需要低电感和高电容的电力分配线路。先进的电脑要求高速度的信号传输，从而需要采用具有最低介电系数的电介质。值得强调的是，黏结剂和密封材料在封装工艺中起到非常重要的作用，是保证器件通过环境测试的关键。

微电子封装在机械方面的问题主要是机械应力的产生与消除的问题。由于不同封装等级之间的电力分配以及在制造过程中使用不同性质的不同材料，因此必然会在界面中引起热机械应力。这个应力不单单产生于 IC 及系统的封装过程中，也会因气候的因素产生在产品的运输和存储过程中。产品在使用过程中也会产生应力。因而，有效的散热、IC 器件和系统封装的冷却是解决热机械应力的关键。封装结构的稳定性是另一个机械问题，在制造过程中，良好的芯片焊接界面以及良好的印刷电路板焊接界面是保证器件结构稳定性的关键。热机械应力主要是由于各种不同材料在界面处的 CTE 的不匹配而产生的。

微电子器件的封装和互连接可以分为 4 个等级，在各个等级的封装中，会面临各种不同的技术课题。

1. 高速信号传输技术的开发（主要与第一至三级组装层次有关）

由于在此封装层次阶段采用了 MCM，所以为实现 LSI 芯片间信号的高速传输提供了很好的技术保障，但为了减小传输信号的波形失真，提高信号传输速度，以下技术课题显得十分重要：

(1) 尽量缩短布线长度和使布线沿长度方向传输均一性提高，为此，要求布线长度方向的物理尺寸精度与材质精度误差尽可能减小或降低。

(2) 开发低反射、低噪声的多层布线基板和设计降低开关噪声的多层布线基板。

(3) 开发适合于多端子连接，且特性阻抗匹配的多端子连接装置。

2. 高效冷却技术的开发（主要与第一至第三级组装层次有关）

冷却与散热对于半导体 IC，特别是高密度组装模块和功率型 MCM 来说是必须考虑的重要技术课题。从提高性能及节能角度来说，人们努力降低半导体 IC 自身的功耗并不断设法降低工作电压，但随着 LSI 集成度的不断提高和工作速度的加快，IC 的功耗也随之增大。因此开发高效的冷却方式显得十分重要。

3. 高密度组装技术（主要与第一级和第二组装层次有关）

对于在第一封装层次所采用的单芯片封装结构来说，必须开发多引出脚，例如 1000 条引出脚和适合表面安装型的封装结构。此外，为了不断开发属于第二层次的 QFP、PGA、BGA、LGA、TCP（tape carrier package，带式载体封装）等的多引出脚的表面安装型结构，还必须努力着手研究新的再流焊技术与封装形式。

特别是在第一封装层次，为了适应系统的高速和多功能的发展，各种与发展 MCM 技术相关的关键技术的开发正受到越来越广泛的重视。

本书将着重讨论一级、二级的微电子芯片封装技术和印制电路的 SMT 焊接技术。这些都是是微电子器件封装的核心所在，其他封装和组装领域中所涉及的封装材料和封装技术的方方面面,都可以在这几级的封装中找到详细阐述。图 1-5 是微电子封装中的主要研究内容。

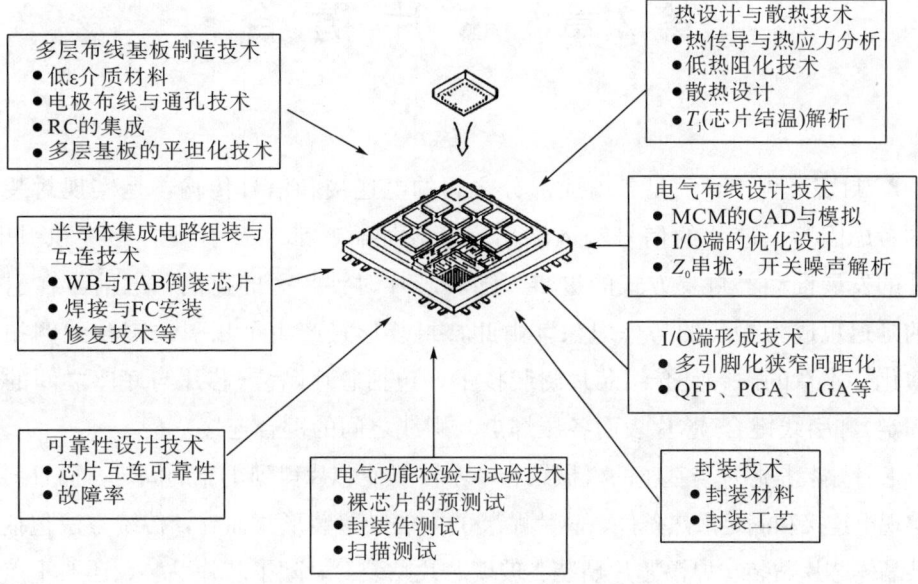

图 1-5　微电子封装中的主要研究内容

第 2 章 芯片键合

　　IC 封装过程中,满足各组成部分之间的电连接和信号传输,是实现封装功能的考虑因素。芯片的信号输入输出、电源加载,都涉及引线的焊接和引出。芯片的发展推动着封装方式的进步,随着芯片时钟频率的提高,电信号在引线上的延迟也成为封装的考虑对象,由此,封装形式产生了从引线键合到倒扣焊的演化。本章的内容是介绍芯片封装技术,包括芯片贴装(芯片与底座之间的键合固定)和引线键合(芯片表面各压焊点与引线之间的键合连接)。

　　芯片贴装是芯片与基座的机械结合,不仅要使芯片得到牢靠的固定,而且要能够实现电连接和满足散热条件。芯片贴装的方法随封装形式而异,传统方法包括金属共晶体芯片贴装、焊锡芯片贴装、玻璃芯片贴装等。除了芯片贴装,还要重点介绍三种主要的键合技术,包括引线键合、载带自动键合以及芯片的倒装技术。

2.1　IC 芯片贴装

　　芯片贴装是芯片与载体之间形成牢固的电导性或绝缘性连接的方法。一般来讲,如果要求芯片接地,就会采用导电材料贴装。贴装芯片和载体之间的粘接按照使用材料类型,可分为有机黏结剂和无机黏结剂两类,如表 2-1 所示。芯片贴装是芯片与基座的机械结合,不仅要使芯片得到牢靠的固定,而且要能够实现电连接和具有良好的散热。芯片贴装的方式随封装形式而异,传统方法包括金属共晶体芯片贴装、焊锡芯片贴装、有机粘接芯片贴装、玻璃芯片贴装等。

表 2-1　芯片粘接用材料

无机黏结剂(用于气密封装)	有机黏结剂(非气密性封装)		
	热固性	热塑性	光敏性
Au-Si 共晶焊料	环氧树脂	聚酰亚胺	丙烯酸

续表

无机黏结剂(用于气密封装)	有机黏结剂(非气密性封装)		
	热固性	热塑性	光敏性
银玻璃焊膏	聚酰亚胺	苯乙烯	
软焊料合金	聚氨脂		
	热固性/热塑性混合物		

2.1.1 金属共晶体芯片贴装

在气密性封装中，或者说在陶瓷封装中，芯片的贴装主要是用金属共晶体贴装法，在芯片和基片之间形成共晶体键合，包括有金-硅、金-锗、金-锡等共晶焊接，以金-硅共晶焊最常见。在金-硅共晶焊中，陶瓷载体表面需要进行金属化，即要在陶瓷面上附着一层牢固的金镀层。图 2-1 给出了金-硅二元相图。从相图中可以看到，含有 3% 的硅原子和 97% 的金原子的金-硅共熔体共晶点温度为 370℃。这个共晶点是选择合适的焊接温度和对焊接深度进行控制的主要依据。

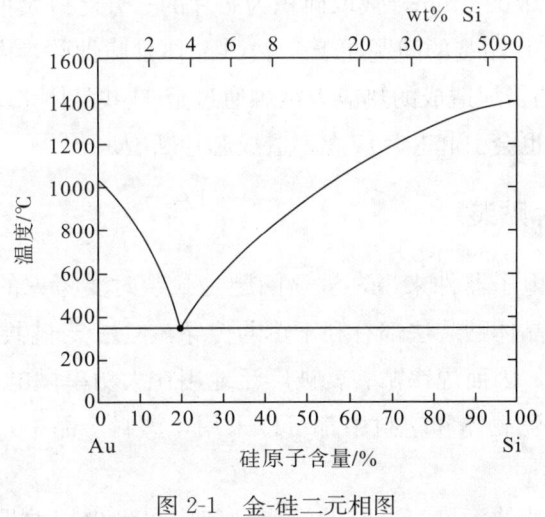

图 2-1　金-硅二元相图

金-硅共晶焊接法就是芯片在一定的压力下，附加超声振动，使得芯片与陶瓷载体发生摩擦产生热量(还可以进行辅助加热)，金、硅原子相互扩散，当温度高于共晶温度时，金-硅合金融化成液态的金-硅共熔体；冷却后，当温度低于共晶温度时，共熔体由液相变为以晶粒形式互相结合的机械混合物——金-硅共熔晶体而全部凝固，从而形成了牢固的欧姆接触焊接面，实现键合。由于硅芯片表面有氧化层，其厚度可达 5 nm，阻碍金-硅共晶体的形成。超声波使之相互摩擦，破坏氧化层，有利于贴装焊接。

另外一种方法就是把硅芯片放在镀金的陶瓷载体上，加热到共晶温度以上时，一般在 425℃左右，硅原子就扩散到金中，到达共熔体的组成并且开始熔化。随着硅不断地扩散到金中，液相前沿就进入金中而实现金-硅的紧密键合。为了防止硅的氧化，键合可以在氮气中进行。

现在讲一下陶瓷载体表面的金属化。用于金-硅共晶体芯片贴装的陶瓷基片的凹槽面要金属化，即先镀一层镍，再在镍的上面镀一层金。根据美国军用标准 MIL-STD883 的规定，陶瓷基片的镀金层厚度不得小于 1270 nm，以保证芯片金-硅共晶体贴装的质量。如果金层厚度不够，就可能使镍原子扩散到金的表面，与硅反应形成硅化镍。硅化镍与硅的界面就可能发生剥离而使贴装失败。

也可以在芯片和基片之间放金-硅合金的预制件来保证良好的芯片贴装。常用的金-硅合金预制件为 Au-2Si 合金（硅含量 2%，其余为金）的片状膜材，由于 Au-2Si 非常接近共晶体组成，它会在贴装的温度下很快熔化，这一液相与金结合很快，同时芯片的硅也很快地扩散到熔体中，从而形成共晶体键合。一般来说，预制件厚度为 0.025 mm，裁取面积为芯片的三分之一大小。

金-硅共晶体芯片贴装的问题在于金-硅共晶体是脆性的，由于硅芯片和引线框架之间的 CTE 的错配造成的热应力很难通过金-硅共晶体来缓解。后续的内引线连接的高温环境也会引起芯片应力，造成芯片断裂。

2.1.2 焊锡芯片贴装

对于大功率微电子器件来说，散热问题是封装时要考虑的最大问题。焊锡芯片贴装和金属共晶体贴装法都有利于热的传导，但是金-硅共晶体是脆性材料，会对芯片造成应力。因而焊锡贴装就被广泛地用在大功率微电子器件的封装上。这种贴装方式在陶瓷载体和塑封中都可以采用，塑封产品中，芯片可以贴装在引线框架上。

为了杜绝对芯片的污染，这时的焊锡贴装应尽量少用助焊剂，也就不能使用焊膏，可以使用无助焊剂的焊锡丝或焊锡预制件。因此贴装就要在惰性气氛中进行。在引线框架基座表面镀银会提高贴装质量，硅芯片的背面要依次镀钛、镀镍，最后镀银，当然也可以选择金等其他金属。焊锡芯片贴装能够提供较高的焊接强度，硬度较金-硅共晶体贴装低，所以能够吸收温度变化产生的热应力。缺点是塑性相对较大，易产生疲劳失效。最常用的焊锡是 95Pb-5Sn 和 65Sn-

25Ag-10Sb。

高铅软焊锡 95Pb-5Sn 可以直接与镀镍的基座键合，但是硅与焊锡不能直接键合，硅芯片的背面往往要先镀钛作为黏附层，再镀镍，最后镀能与焊锡键合的银。由于 95Pb-5Sn 比较柔软，起到缓和由于 CTE 的错配引起的应力作用。65Sn-25Ag-10Sb 焊锡叫做 J 合金，抗热疲劳要比 95Pb-5Sn 焊锡好。

2.1.3 玻璃芯片贴装

不需要背面电连接的芯片可以用玻璃来贴装，在陶瓷封装基片的凹槽上涂有玻璃，将这种基片加热到玻璃的熔点以上，凹槽上的芯片就贴装到陶瓷基片上了。

还有一种玻璃贴装法是将掺有银粉末的玻璃粉与有机黏结剂混合，制成膏状，将这种玻璃膏涂放到镀金的陶瓷基片凹槽内，再放上芯片，在 75℃ 的温度下干燥 15 分钟，将溶剂除掉，再在高于 375℃ 的温度下完全烧去有机物。这种贴装层含有大约 80% 的银。这种银-玻璃贴装方法的好处是很少出现空隙，芯片贴装的应力也小。由于玻璃贴装是化学键合，因而贴装强度高。它的热稳定性好，键合强度高，可靠性好。

银玻璃焊膏的粘接基于三种机理：金相粘接、化学键合、物理键合。金相粘接机理是指基板上金层与银基填料间形成 Au-Ag 金属间化合物，化学键合则在玻璃中的金属氧化物和芯片背后的硅间形成。物理键合机理是，当冷却时，在芯片背面和载体之间由于存在玻璃的毛细渗透而形成粘接。

玻璃芯片贴装需要氧化气氛环境和高键合温度（400℃左右），在加工时需要加以考虑。上面所写的是气密性密封的芯片贴装主要是指陶瓷封装。

2.1.4 有机粘接芯片贴装

有机粘接芯片贴装主要是采用有机树脂进行芯片贴装粘接，采用树脂黏结剂在芯片和封装体之间形成一层绝缘层，或在其中掺杂金属（如金或银）形成电和热的良导体。黏结剂大多采用环氧树脂，环氧树脂是稳定的线性聚合物，在加入固化剂后，环氧基打开形成羟基并交链，从而由线性聚合物交链成网状结构而固化成热固性塑料。固化的条件主要由固化剂的种类决定。而其中掺杂的金属含量决定了其导电、导热性能的好坏。

环氧树脂做芯片贴装常常用于非气密性封装，聚合物黏结剂被广泛应用于低成本塑料封装的芯片贴装材料。聚合物材料的贴装温度低，应力较小并可以在芯片和引线框架之间形成热和电的通道。聚合物贴装材料的最大缺点是它们的热稳定性不好,并且吸收潮湿。因而它们不能用于气密性密封的封装。传统的聚合物材料要几个小时才能固化,而现在已经发展出快速固化的聚合物树脂,可以在几分钟的时间内固化。

用于聚合物芯片贴装的材料主要是聚胺和环氧树脂,而且用银粉料填充,填充物可占 70%～80%。当芯片与基座之间要绝缘时,用氧化铝粉做填充物。聚合物芯片贴装的成本最低,而且非常容易自动化生产。由于环氧树脂的固化温度较低(150~180℃),造成的热应力也较低。

与金-硅共晶体芯片贴装相比,聚合物芯片贴装的强度要低一些,主要是剪切强度低。但是良好固化的聚合物芯片贴装一样可以通过 MIL-STD-883 要求的剪切强度测试,即大于 7 MPa。一般来说,聚合物厚度为 25 μm 较合适,太厚或太薄都会降低强度。在选择聚合物时,聚合物的玻璃转化温度 T_g 是要考虑的。如果工作温度高于 T_g,聚合物强度会降低。

另外,聚合物的导热性不好,即使用银粉填充的贴装聚合物的导热性也不如焊锡或金-硅共晶体。

聚合物贴装也可以使用薄膜状的聚合物生料固体预制件(也称为 B 阶化合物或预聚物,是部分固化的环氧树脂),使聚合物贴装工艺流程简单化。尤其是在贴装较大型的芯片时,会更为方便。一般来说,聚合物贴装过程是先将聚合物生料膜在较低的温度下贴到硅晶圆片的背面,然后切割晶片而得到分割的带有聚合物生料的芯片,用聚合物薄膜将芯片贴装到芯片基座上。聚合物的导热性差,一般要混合银片粉来增加导热性。聚合物贴装的导电性主要取决于银片粉的含量,含量太低会导致完全不导电。只有当银粉的浓度大到一定程度,银粒间互相连接构成电通道,聚合物贴装才导电。

聚合物膜贴装的自动化设备已经在应用,这使塑料封装的自动化生产线更有吸引力。表 2-2 是各种芯片贴装方式的比较。

表 2-2 4 种贴装的性能对比

性能	金属共晶贴装	焊锡贴装	玻璃贴装	聚合物贴装
强度	高	较高	较高	较高
抗疲劳性	高	低	较高	低
导电性	好	好	一般	一般
导热性	好	好	一般	一般

续表

性能	金属共晶贴装	焊锡贴装	玻璃贴装	聚合物贴装
耐蚀性	好	好	一般	一般
成本	高	高	低	低
助焊剂	无	有时有	有	无
退火处理	无	无	无	有
焊接温度	高	较高	低	低
应用领域	陶瓷和塑料封装	陶瓷和塑料封装	陶瓷封装	多用于塑料封装

2.2 芯片引线键合

2.2.1 IC芯片引线键合

引线键合(wire bonding，WB)是芯片贴装完成后的下一道工序。WB是把芯片和外电路之间，用微细的金属丝线将芯片上的金属压焊点和封装外壳的引线框架上对应引脚上的压焊点相连，实现芯片与封装体之间的信号传输。在芯片制造中，较为普遍的是采用铝作为芯片表面的薄膜多层布线，因此芯片键合压焊点多数是铝的。最近几年，随着铜作为芯片表面薄膜多层布线的应用逐渐推广，铜的键合压焊点也多了起来。铜具有更高的导电性，并能提高IC的工作速度。

WB的方法有金丝球焊法、热压键合法、超声键合法等。通常使用直径18~50 μm 的金丝或铝丝做引线。

最普遍使用的WB金属丝是金丝和铝丝，一般来说，金丝用于球键合，铝丝用于楔形键合。金丝纯度达99%，含有少量铍(Be)和钙(Ca)，合金可以改善纯金的拉伸能力。铝丝是含有硅(1%)或镁(0.5~1%)的合金，合金铝可以拉伸到直径小于50 μm。铝-硅合金丝的缺点是，在室温下硅在铝中的溶解能力降低，硅可能在键合处析出，形成固相硅，这会对键合的可靠性产生不利影响。

WB互连接的应用非常广泛，几乎被用在所有的塑封、多芯片模块封装、气密封装上。图2-2是在MCM封装中的WB示意图。通常芯片表面的压焊点材料是铝，芯片载体的压焊点材料是金，芯片载体指的是基板、封装外壳等。

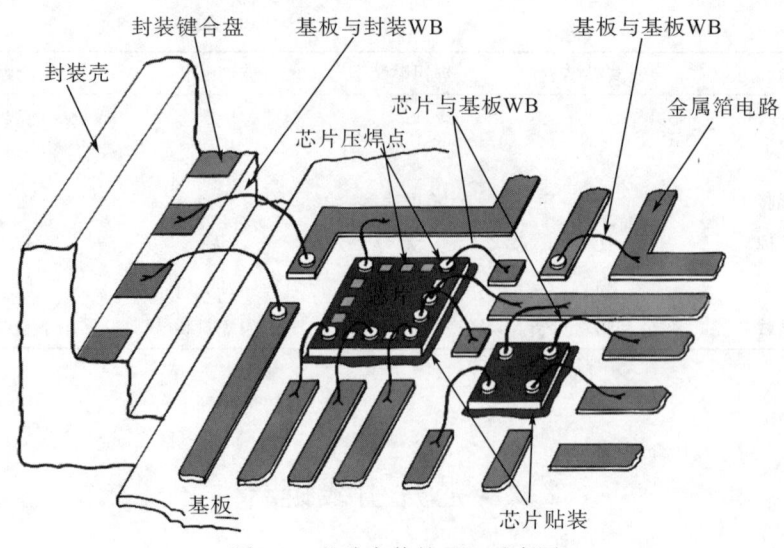

图 2-2 芯片安装的 WB 示意图

2.2.2 热压球焊

利用微电弧使金丝端头熔化成为球状，通过 WC、陶瓷等制作的送丝压头将球状端头压焊在芯片的压焊点（通常由铝蒸镀膜形成，厚度约为 1 μm，尺寸为 150 μm×150 μm）上，形成第一键合点。在压力和焊接表面加热（300~400℃）的作用下，金丝发生塑性变形，与焊区表面的铝或金键合。

热压焊接是利用加热和加压力使金属丝与铝或金焊区压焊在一起。其原理是通过加热加压，使焊区金属（如铝）发生塑性形变，同时破坏压焊界面的氧化层，使压焊的金属丝与焊区金属接触面的原子间达到原子的引力范围，从而使原子间产生吸引达到"键合"的目的。此外，两金属界面不平整，加热加压时，可使上下的金属起到镶嵌作用，互相嵌入对方的金属膜中，有利于提高键合强度。热压焊的键合机制是靠固相状态下金属原子的相互扩散实现连接，而金与铝界面处并不发生宏观的塑性流动。

热压球焊操作温度高，焊接时间长，因此在实际应用中具有局限性，不能用于无法承受高温度的芯片。特别是当超声波焊接技术发展起来后，热压焊的应用大大减小。

2.2.3 热超声球焊

热超声球焊是在金丝送丝压头上引入 60~120 kHz 的超声波，芯片和引线框架或芯片载体放在加热器上进行辅助加热，加热温度为 150~200℃，能焊接几乎所有的芯片和元件。

热超声球焊过程首先是用电火花熔化金丝尾部，形成焊球，然后送丝压头下降，施加压力和超声波，金球与 IC 的 I/O 焊接点形成球形键合，形成第一键合点。送丝压头的键合压力一般小于 100 g，对芯片不会产生损害。接下来，送丝压头提升，牵引金丝形成引线，接着金丝压在封装的引线框架（或者芯片载体）的压焊点，形成月牙形的楔形键合，即第二键合点。最后，切断金属丝，金丝伸出送丝压头，用电火花熔化金属丝尾部，形成新的球。以便用于下一循环的球键合。图 2-3 所示为金丝球焊接的基本步骤。

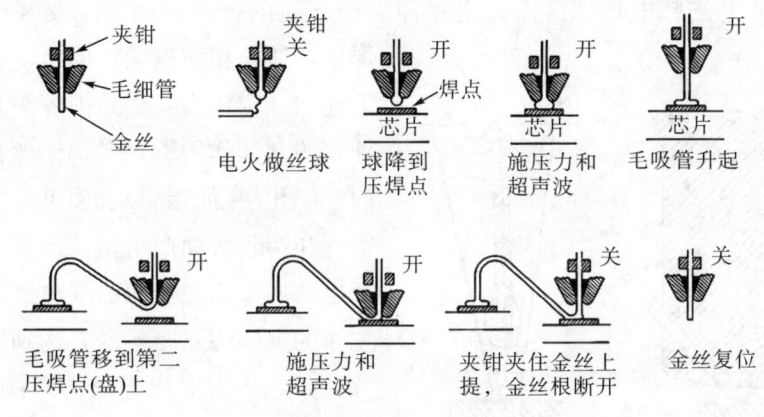

图 2-3　金丝引线球焊接的基本步骤

对于金属焊接，新鲜的、之间没有氧化层的金属容易焊接在一起。金丝通过电火花熔化前端形成焊球，就出现了一个新鲜的金属表面；再施加超声，使得焊球在接触芯片铝压焊点时产生振动，破坏了铝表面的氧化层，露出清洁的金属表面，因此可以在键合压力较低的情况下实现芯片的 WB。第二键合点则是在较大压力下，使金丝压扁，露出新鲜金属层，在超声的作用下，磨去引线框架压焊点位置的表面杂质，形成月牙形的楔形键合。热超声球键合的结构见图 2-4。

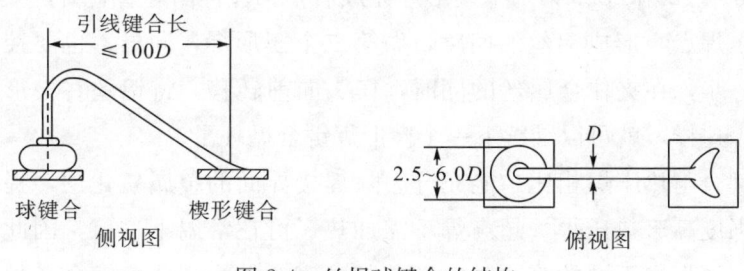

图 2-4　丝焊球键合的结构

在开始金丝球焊之前，用高分辨率光视系统定位芯片和引线框，这就能够精确地计算送丝压头的循回路径。金丝焊球键合的主要优点在于它的送丝压头是圆的，金丝可以从任何方向伸出或拉出送丝压头，送丝压头可以做简单的 XY 方向的高速运动。对于 BGA 和 CSP 等高级封装，金属丝键合有多重弯曲，而不是一个简单的回路，这就要求送丝压头的运动可以在 XYZ 三个方向轴进行控制。

2.2.4 引线楔形焊

超声焊又称超声键合，它是利用超声波发生器产生的能量，通过电致伸缩换能器，在超高频电场感应下，迅速伸缩而产生的弹性振动，经变幅杆传给楔焊头，使之相应振动；同时，在楔焊头上施加一定压力。于是楔焊头就在这两种力的共同作用下，带动铝丝在被焊区的金属化层（如铝膜）表面迅速摩擦，使铝丝和铝膜表面产生塑性形变。这种形变也破坏了铝层界面的氧化层，使两个纯净的金属面紧密接触，达到原子间的"键合"，从而形成牢固的焊接。图 2-5 是楔形焊的楔焊头示意图。

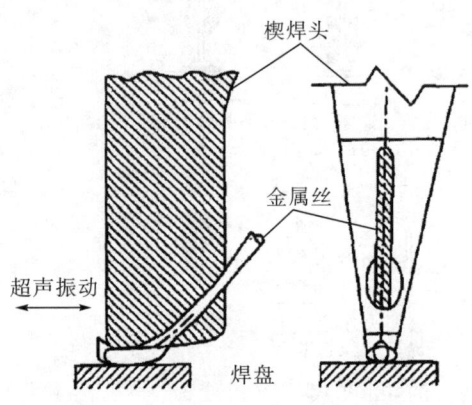

图 2-5 楔形焊的楔焊头示意图

超声波楔形焊接可以键合金丝或金带，也可以键合铝丝，目前主要用于铝丝键合。楔形焊的楔焊头包括金属丝导管和卡钳，楔焊头卡钳夹住金属丝，移到 IC 芯片的 I/O 的压焊点，焊楔头压向焊点，与此同时有超声波作用，在压力和超声波的共同作用下，形成芯片处的楔形键合。图 2-6 给出了引线丝键合楔形铝丝焊流程示意图。楔形焊的能量是由转换器提供给楔焊头的振荡，振荡的频率为超声波频率。

超声波楔形焊是在受控制压力和不高的温度下进行的，导管和铝丝的超声波频率是 60~120 kHz。第一个楔形焊完成后，铝丝伸出导管，升起楔焊头，移到第二个压焊点，形成铝丝的回路，做第二个楔形焊，同样，也要控制键合的压力。下一步，在夹住金属丝的同时，楔头向前转移，将铝丝在楔形键合的后跟处切断。这样，就可以继续下一个楔形焊键合循环了。

超声键合与热压焊相比，能充分去除焊接界面的金属氧化层，提高焊接质量，焊接强度高于热压焊。超声焊不需加热，可在常温下进行，因此对芯片特性无损害。可根据不同的需要随时调节超声键合能量，改变键合条件来焊接粗细不等的铝丝或铝带，而热压焊较难实现。铝-铝超声键合不产生任何化合物，这对器件的可靠性和长期使用寿命都是十分有利的。

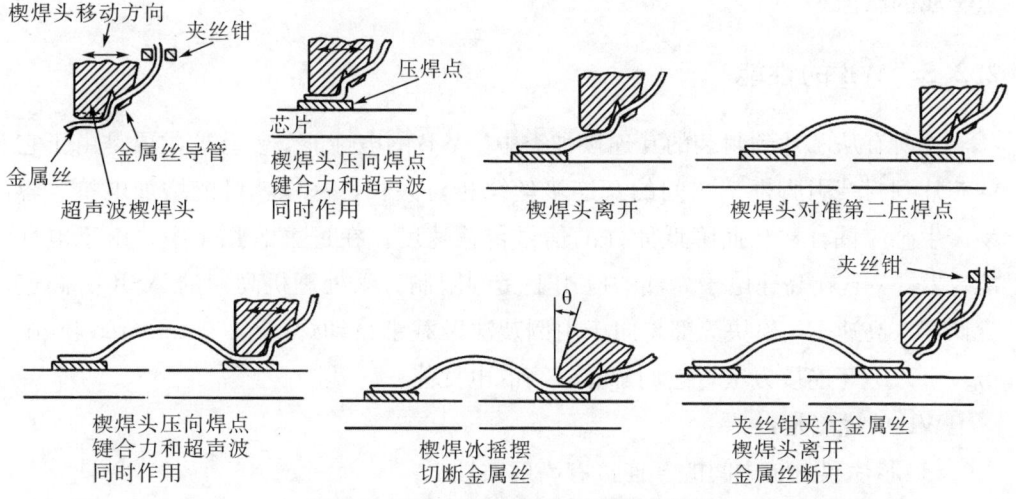

图 2-6 引线丝键合楔形焊流程示意图

关于超声波键合的基本机理，还不是完全清楚，现在主流的解释是：在金属丝和焊接点金属的界面处，材料发生塑性变形或流动，微晶面形成滑动，并互相交差剪切，当互相滑动时，就有新的金属表面在界面处形成，并且新的表面非常干净，没有氧化物而且有高度的活性。这样，金属学上干净的金属表面在键合界面处互相连接，促进了跨过界面的固态金属粒子的扩散，形成扩散焊接。随着不断得到超声波能量，键合的面积就会增加，同时外加的热能促进扩散，形成固态键合。另外，如果芯片的压焊点是铝的话，铝丝也是同种金属，它们之间更容易实现金属原子扩散和焊接。

引线楔形焊具有键合微小引线间距的能力，这是由于这种键合只使金属丝直径变形 25%～30%，相比之下，丝球焊变形 60%～80%，同时，楔形焊的生产率比丝球焊高。楔形焊的主要缺点是焊头必须能精确地转动，键合楔子方向延着芯片压焊点和引线框架压焊点之间的连线方向，可防止在键合循环过程中金属丝断裂或被绊住。引线楔形焊键合的构造见图 2-7。

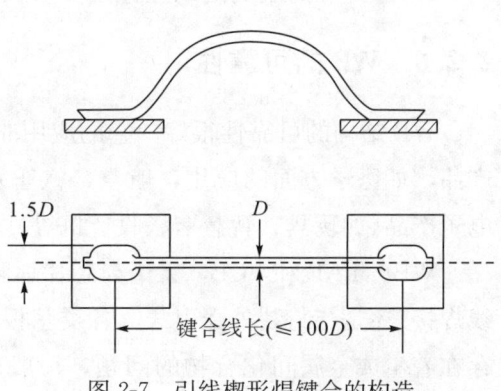

图 2-7 引线楔形焊键合的构造

WB 压焊点金属的主要问题包括金属的界面互扩散，扩散对热机械可靠性和电的稳定性的影响，可能生成脆弱的中间金属化合物的可能性，以及键合压焊点金属的腐蚀等。

2.2.5　WB 的性能

在所有从芯片到封装的互连接种类中，WB 的电性能最差。这主要是由于它的芯片到封装引脚框架之间的互连接丝线相对太长，这样就可能增加电抗，容易产生感应耦合，从而降低元件的信号传输速度。在过去的几年中，由于电性能较差，WB 在高速电子元件的应用上受到限制。微处理机高速的 ASIC、高速存储器、高速 RF 模块等都趋向于用倒装法及载带自动焊(tape automated bording, TAB)互连接方法，它们都有较高的电性能。

WB 的优点是：

(1) 芯片到封装之间的互连接有高度柔性。

(2) 缺陷低，产量高。

(3) 键合过程的自动化比较容易。

(4) 互连接结构的可靠性高。

(5) 适合大规模工业生产。

(6) 生产设备和材料技术的提高速度快。

(7) 有可维修性和可替代性。

WB 的缺点是：

(1) 点对点的连接加工过程导致组装效率低。

(2) 芯片与载体之间的引线较长，降低了高频传输特性。

(3) 芯片和封装之间的互连接要求较大的键合面积。

2.2.6　WB 的可靠性

WB 结构的可靠性很好。它的应用非常广泛，包括可靠性要求非常高的电子产品，如医学方面的应用，航空、汽车及宇宙空间等的应用，当然在低成本的电子产品(如玩具、智慧卡、收音机等)中也在采用。

WB、TAB 和 FCB，无论与芯片焊区的金属(一般为铝、金)互连(俗称内引线焊接)还是与封装外壳引线、各类基板的金属化层互连(俗称外引线焊接)，都存在着生成金属间化合物的问题。一般来讲，金属间化合物有利于焊接材料之间形成牢固的结合，但应尽可能避免形成脆性金属间化合物。如 Au-Al 金属化系统，焊接处可能形成的金属间化合物就有 Au_2Al、$AuAl$、$AuAl_2$、Au_4Al、Au_5A_{12} 等多种，这些金属间化合物的晶格常数、膨胀系数及形成过程中体积的变化都是不同的，而且多是脆性的，电导率都较低。因此，器件在长期使用或遇高温后，在 Au-Al 压焊处就出现压焊强度降低、变脆以及接触电阻变大等情况，最终可导致器件在此开路或电性能退化。这些金属间化合物具有多种颜色，$AuAl_2$ 看上去呈紫色，故称"紫斑"；而 Au_2Al 呈白色，则称"白斑"，其危害性更大。

早期的研究发现，Au-Al 接触加热到 300℃ 会生成紫色的金属间化合物 $AuAl_2$，长期以来，人们都认为这种现象是引起器件焊接失效的主要原因。后来在大量研究中发现，这一现象是十分复杂的。除紫斑外，Au-Al 界面生成的一种金属间化合物 Au_2Al 接触电阻更大，更具脆性，即白斑。此外，还可能生成 $AuAl$、Au_4Al、Au_5Al_2 等化合物，但通常金的含量比铝多，故观察到的多为 Au_4Al、Au_5Al_2、Au_2Al。由于这些化合物的晶格常数不同，机械性能和热性能也不同，反应时会产生物质移动，从而在交界层形成可见的柯肯德尔空洞（Kirkendal void），或产生裂缝，从而易在此引起器件焊点脱开而失效。Au-Al 焊接界面结构如图 2-8 所示。若将 Au-Al 焊接处置于高温下，金属间化合物的厚度将逐渐增加。其增长状态满足简单的扩散关系，即 $X^2 = Dt$，这里 X 为扩散深度，D 为扩散系数，t 为扩散时间。

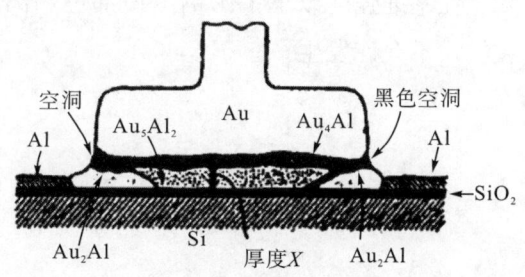

图 2-8 Au-Al 焊接界面的金属间化合物结构

原理上，同种金属间的键合可靠性最好。为了获得足够高的键合强度，若采用金丝，则要求陶瓷布线板上布线端体的导体布线电极也采用金。

在 WB 工艺中，为了对键合性能进行评价，可以采用拉力试验和剪切力试验。拉力试验是对键合面施加垂直方向的力，如图 2-9 所示；剪切力试验是对键合面施加平行方向的力，如图 2-10 所示。拉力试验可以用钨丝等做成钩，套住键合金丝或铝丝的弧形部位，以一定速度缓慢向上拉引，测量发生破坏时的强度（用每个键合点的拉断力表示）。键合连接发生破坏的形式有 5 种：①第一键合点剥离，不允许发生；②第一键合点颈部切断，不允许发生在基准强度以下；③第二键合点颈部切断，不允许发生在基准强度以下；④键合丝中间拉断，不允许发生在基准强度以下；⑤第二键合点剥离，不允许发生。

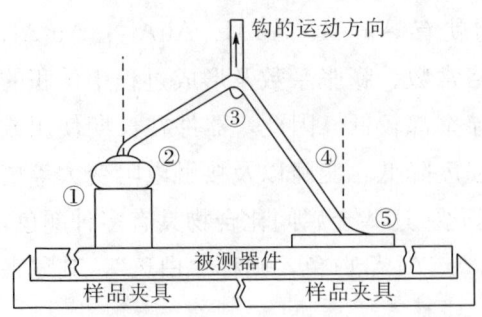
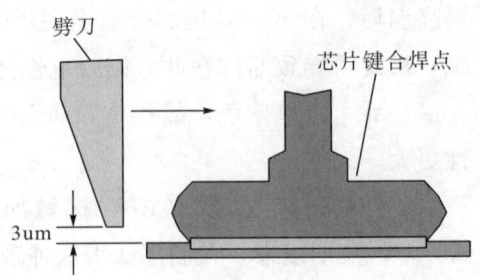

①—第一键合点剥离；②—第一键合点颈部切断；
③—键合丝中间拉断；④—第二键合点颈部切断；
⑤—第二键合点剥离

图 2-9　WB 拉力试验　　　　图 2-10　键合焊点剪切力试验

对芯片压焊点的第一键合点进行剪切力试验，也称球剥离试验，可以更好地控制 WB 的工艺条件。其模式和判定标准分别为：①金球剥离，不允许发生；②金球残留，不允许发生在基准强度以下；③金属间化合物层内破坏，不允许发生在基准强度以下；④铝蒸镀部位剥离，不允许发生在基准强度以下；⑤硅裂纹，不允许发生。

2.3　TAB 技术

随着电子整机朝着高密度、超小型化、超薄型化发展，I/O 引脚数大大增加，芯片尺寸和焊区越来越小，采用 WB 更加困难时，TAB 互连方式便应运而生。引进这一 IC 装配技术的目的是要低成本地取代 WB 技术。通过高度自动化地一卷一卷地成组焊接技术，大批量地封装那些 I/O 端口数较多的器件。TAB 在日本发展最快，使用也最多，美国、欧洲次之。

TAB 是一种 IC 装配技术，是将 IC 芯片贴装和连接在柔性的、类似电影胶片的聚合物载带上，是全自动地将载带条的内引线端与芯片 IC 焊接，而外引线端与传统的封装或者印制板 PWB 焊接，其名字便是由此而来。

TAB 是连接芯片焊区和载体焊区的"桥梁"，它包括以下关键技术：一是芯片凸点的制作技术，二是 TAB 载带的制作技术，三是载带引线与芯片凸点的内引线焊接技术和载带外引线的焊接技术。

制作的芯片凸点除用于 TAB 的内引线焊接外，还可以作为倒装焊(flip chip bonding, FCB)的凸点。芯片上的凸点是在芯片制造时就沉积上去的。在以后的章节中将重点介绍芯片凸点的制作技术及各种 FCB 技术，这里只作简要介绍。下面将对 TAB 的其他两个部分，即载带的制作技术和内、外引线的焊接技术下面将做详细介绍。

与引线焊接键合不同的是，凸点载带焊接的芯片上的所有凸焊接点与引线框的全部内焊接点是通过加热和加压同时焊接键合的。凸焊接点键合后，芯片的表面会进行塑封。密封后的芯片之后会从连续的载带上切开，成为独立的密封件，然后，将引线脚做成所需要的引脚型。聚合物载带的结构可以是一层、两层和三层的载带，采用哪一种进行焊接取决于 I/O 的数量，I/O 的数量高就必须采用多层的载带。

2.3.1 TAB 的制造

TAB 有单层带、双层带、三层带和双金属带 4 种。由于 TAB 的综合性能比 WB 优越，特别是具有双层或三层载带的 TAB 不仅能实现自动焊接，而且可对芯片预先筛选、测试，使所有进入下一道工序的 TAB 焊接芯片全是好的，这对提高组装成品率、可靠性和降低成本均有好处。因此，TAB 在一部分高 I/O 引脚数的 LSI、VLSI 及超薄型电子产品中代替了 WB 技术。

聚合物电路载带也叫薄膜载体，聚合物电路载带的形状很类似于普通的有边孔 35 mm 照相胶卷带，如图 2-11 所示。单层带厚 $35\sim70$ μm，二层和三层带厚 $75\sim125$ μm。

铜是最普遍的载带导体，铝、钢、合金 42 以及厚膜导体也可作为聚合物线路导体。载带聚合物薄膜主要是由封装用的聚合物制成，包括聚酰亚胺(PI)、环氧树脂、聚酯及 BT 树脂，其中，PI 使用最普遍。

图 2-11 聚合物载带的形状和结构

TAB 单层带是厚度 $50\sim70$ μm 的铜箔，制作工艺较为简单。首先要冲制出标准的定位传送孔，然后对铜箔进行光刻制作引线，最后进行电镀和退火处理。在内外引线焊接处局部电镀金。引脚框架内引线的焊接点与芯片上的凸焊接点一一对应，并在随后的焊接工序中焊接键合。

TAB 双层带包含金属箔及两层 PI，金属箔为铜箔或铝箔，以铜箔使用较多，两层 PI 是将液态聚酰胺酸（PAA）涂覆在金属箔上，然后在两面涂覆光刻胶，经光刻刻蚀，分别形成局部亚胺化的 PI 支撑架和金属引线框架，同时形成定位传送孔，之后在高温（350℃）下进行亚胺化，形成具有 PI 支撑架和金属引线框架的 TAB 双层带，最后对引线框架进行电镀。

在图 2-11 中，芯片位置在光刻后余下一小块铜箔，所有内引线的端点都连于其上。这是为了避免内引线部分在转运的过程中移位，导致引线弯曲、甚至使相邻引线搭在一起，无法与芯片压焊点对位。在键合以前，该铜箔会被除去。聚合物载带的形状和结构如图 2-12 所示，上方是聚合物载带横截面图，下方是聚合物载带的俯视图，包括内外引线焊接和铜箔引线焊接框架。

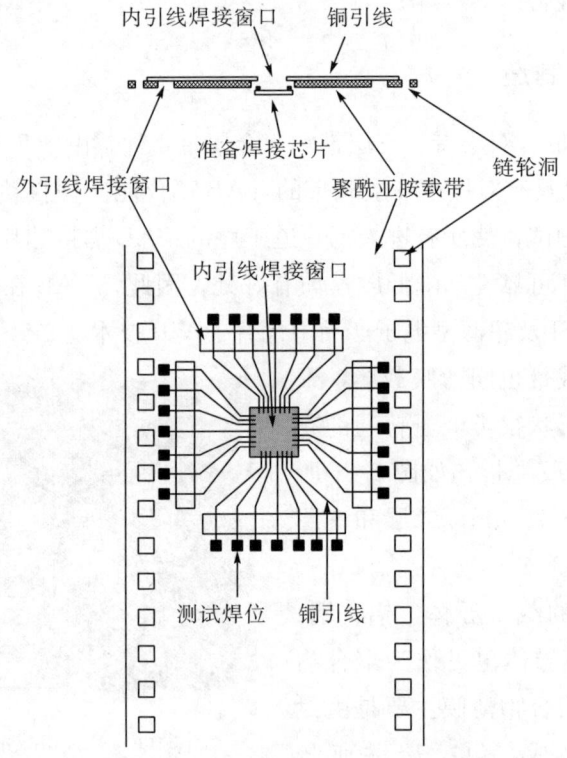

图 2-12　聚合物载带的形状和结构

TAB 三层带在国际上最为流行，使用也最多，适宜大批量生产。它是由铜箔、黏结剂、PI 膜（或其他有机薄膜）三层构成的，制作工艺比其他几种载带复杂，铜箔的厚度一般选 18 μm 或 35 μm，用于形成引线图形；黏结剂厚度为 20～25 μm，是具有与铜黏结力强、绝缘性好、耐压高、机械强度又好的环氧类黏结剂；PI 膜（或其他有机薄膜）的厚度约为 70 μm，主要对形成的铜箔引线图形起支撑作用。三层带的总厚度在 120 μm 左右。

三层载带的制造过程如下：

PI 薄膜→用机械法在膜上冲孔→将金属薄片（如铜箔）贴到薄膜上→用光刻（腐蚀）法在铜片上制造出引线电路图形。

图 2-13 所示为 TAB 三层带的制作工艺流程，图中堵孔剂用于保护铜箔的背面，使得刻蚀只能从正面进行，得到所需要的刻蚀图形。具体的制作工艺流程为：

（1）制作冲压模具。冲压模具是可同时冲制 PI 膜定位传送孔和 PI 支撑框架的高精度硬质合金模具，应使模具在连续冲压 PI 膜长带时的冲压积累误差保持在所要求的精度范围内，定位传送孔是符合载带标准化要求的。

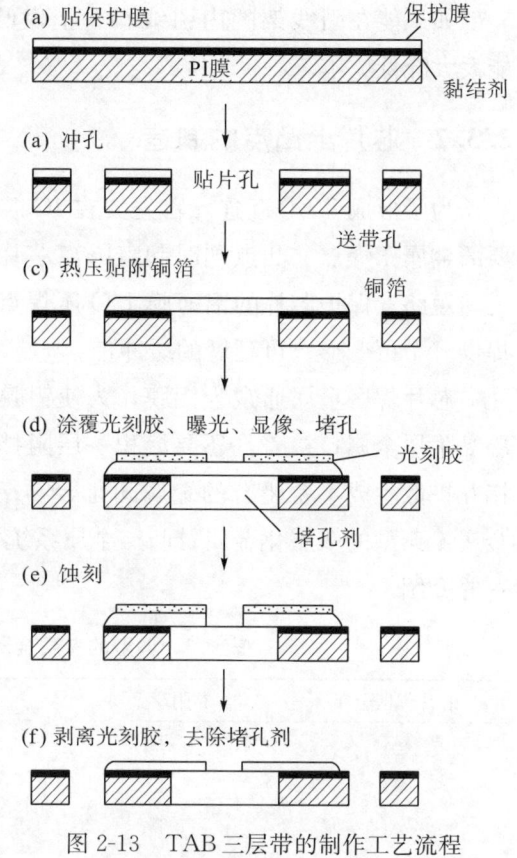

图 2-13　TAB 三层带的制作工艺流程

（2）连续冲压 PI 膜定位传送孔和 PI 支撑框架孔。

（3）涂覆黏结剂。通常黏结剂是事先涂好在 PI 膜上的，冲压时，通孔处的黏结剂层也冲压掉。

（4）黏附铜箔。将冲压好的 PI 膜附上铜箔，放置到高温高压设备上进行加热加压，要求压制的铜箔和 PI 膜间无明显的气泡，压制的三层带均匀一致性好。

（5）按设计要求对大面积冲压好的三层带进行切割，这样就制作成了 TAB 三层带。

（6）将设计好的引线图形制版，经光刻、刻蚀电镀等工艺完成所需要的引线图形。

用三层方法时，聚合物贴胶要比两层结构的强。为了保证焊接质量，往往在铜金属上镀一薄层金，再在上面镀锡。锡的表面可以涂上一薄层聚合物料，以防止生长锡金属晶须而造成短路。

如果能在引线架的内引线端头上做凸焊接点，可以省去在芯片上做凸点，能大大降低成本。

2.3.2 芯片上凸点的制造

为了形成 TAB 互连，首先要在 IC 芯片上做凸点，以便为内部 WB 提供必要的金属压焊点。凸点同时起着隔离芯片与电路载带的作用，防止引线与芯片之间短路，保护芯片的铝薄膜 I/O 压焊点金属不被腐蚀和污染，并为键合过程提供一个可变形、可延展的缓冲带。

芯片焊区金属通常为铝膜，为使铝膜和芯片钝化层黏附牢固，要先淀积一层黏附层金属；接着，还要淀积一层阻挡层金属，以防止最上层的凸点金属与铝互扩散生成不希望有的金属间化合物；最上层才是具有一定高度要求的凸点金属。典型的多层化金属及凸点金属系统如表 2-3 所示，技术流程在 2.4 节中将一并介绍。

表 2-3 典型的多层金属化及凸点金属系统

芯片焊区金属	黏附层金属	阻挡扩散金属	凸点金属
Al	Ti	W	Au
Al	Ti	Mo	Au
Al	Ti	Pt	Au
Al	Ti	Pd	Au
Al	Ti	Cu/Ni	Au
Al	TiN	Ni	Au
Al	Cr	Cu	Au
Al	Cr	Ni	Au
Al	Cr	Ni	Cu/Au
Al	Cr	Cu	Au/Sn
Al	Cr	Cr	Pb/Sn
Al	Ni	Cu	Pb/Sn

在晶圆片上做好凸点后，晶圆片就被放在弹性的胶黏载片上来切割。高速锯的刃镶有钻石颗粒。一般的锯片直径为 7 cm，转速为 30 000 r/min，进料速度为 7 mm/s。

也可以将芯片焊区的凸点制作在 TAB 的铜箔引线上，芯片上仍是铝焊区，这种 TAB 结构又称为凸点载带自动焊（BTAB）。

2.3.3 内引线键合

TAB 的焊接技术包括载带内引线与芯片凸点的内引线键合(inner lead bonding，ILB)和载带外引线与外壳或基板焊区的外引线键合(outer lead bonding，OLB)两大部分。这些都是保证芯片及电路可靠性的关键技术之一。

图 2-12 给出了基本的 TAB 互连系统结构，标示出了有凸点的芯片和平面的聚合物电路载带的布局。如图所示，TAB 载带的每一个内连接窗口都放置了一个封装芯片。为了提高互连接的产量，可以使用超声波热压焊对这一内引线进行连接。

内引线的焊接端头表面为金属层，可以采用多种金属，但是金和锡是最普遍应用的材料。金是通过化学镀来淀积的，金层较软；用电解法淀积的金往往较硬，不能用于超声波键合。一般来说，先淀积镍金属层，金是淀积在镍层上的，金也可以直接淀积在 TAB 载带的铜引线导体上。金层必须没有任何空洞，防止内层的金属形成氧化物。第二种内引线的焊接端头表面金属层是锡，在 TAB 载带的铜引线上先电镀镍，再电镀锡。

常见的 ILB 包括凸点材料是铅锡、金的两种情况。铅锡凸点要求采用铅含量高的材料，例如铅的含量达到 95%，其熔点在 310℃左右。这样在焊接的时候，内引线表面电镀的锡熔化，而凸点合金没有熔化，可以实现焊接。

但是常见的 TAB 芯片凸点还是金凸点，这样的 ILB 方式有两种，一种是金-金热压键合，另一种是金-锡共熔体键合。在 ILB 时，对键合部位的加热温度达到 400~500℃，超过了锡的熔点。在将金凸点与镀锡引线做超声热压键合时，液态的锡和固态的金形成了一个富金的中间金属共熔体化合物，因而实现了一个芯片和载带导体间的金属键合。这两种键合都可以达到 60g 的键合强度。图 2-14 为聚合物载带的内连接和外连接示意图。

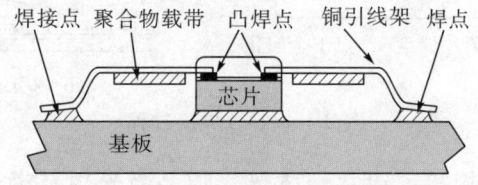

图 2-14　聚合物载带的内连接和外连接示意图

2.3.3.1 TAB 的 ILB 技术

1. 焊接过程

TAB 互连接从 ILB 开始,它将带有凸点的芯片连接到聚合物电路载带上,形成一个芯片与载带之间坚固的金属键合。

ILB 方法有几种,一种叫做热压集体键合,这种焊接方法在 ILB 点是镀锡表面时采用。它是在热压模的高温和压力下,在超声波的作用下,将芯片上的凸点和放射型引线上的全部焊点同时焊接起来。这一工序可以一卷一卷地做,TAB 载带是通过卷盘自动地喂进自动键合机里,自动键合机自动地将芯片喂到键合头那里。机器会通过调整 x-y 方位和角度,将芯片上的 I/O 凸点与载带上的放射形引线对准,在高温下热压焊接,焊接完后,载带就进入下一个芯片位,同时一个新的芯片也会自动到位,来做下一个键合,如图 2-15 所示。

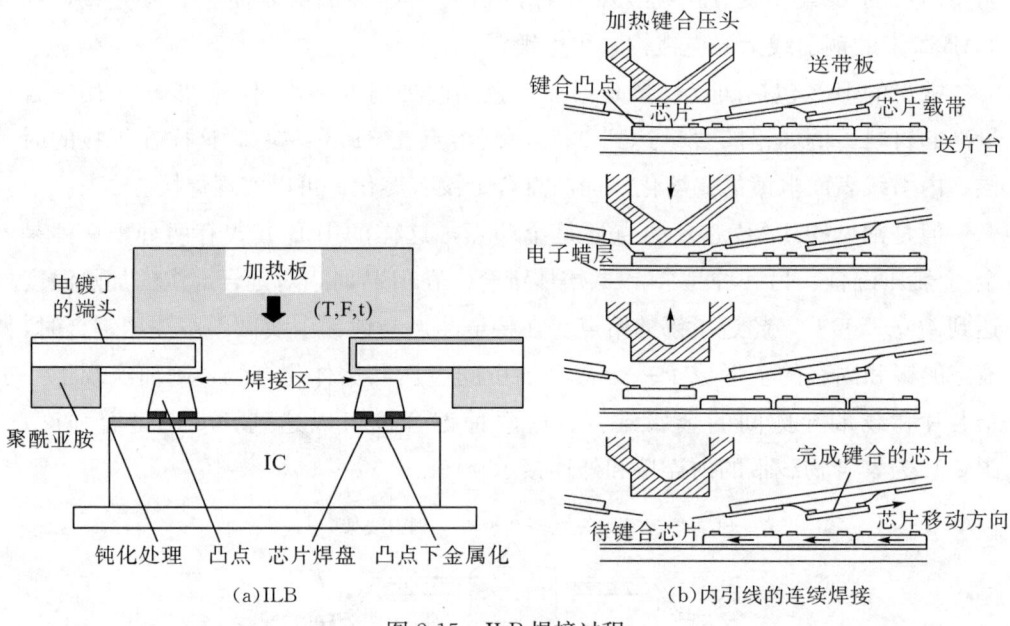

图 2-15 ILB 焊接过程

其他方法有单点焊接、锡共熔体热气焊、激光焊及激光超声波焊。其中,单点焊接在 ILB 点是镀金表面时采用,每次只能焊接一个点,由于金的熔点高,因此施加的焊接压力也大,单点焊接可以避免把芯片压裂报废。改进的办法是将内引线端头的金电镀加厚,做成金凸点,而芯片的压焊点保持原样,只有铝焊盘，采用超声焊，这样需要的加热温度就低多了，甚至可以和 WB 不相上下，这样对芯片的热冲击就更低。图 2-16 是金-锡共熔体 ILB 完成后焊点的微观结构。

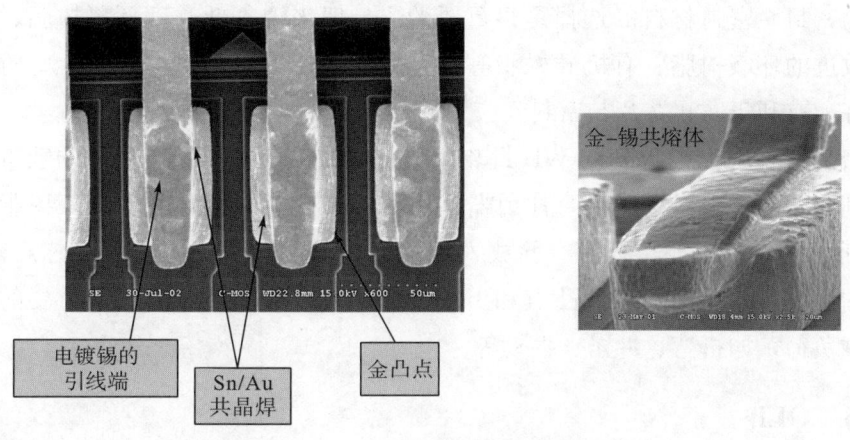

图 2-16 ILB 焊点的微观结构

2. 焊接条件

有很多因素会影响 ILB 工艺，包括凸点金属硬度、平整度、载带的金属引线硬度、载带平度、热压模的平整度、热压模传热性能、载带和芯片间的对准、凸点和放射型引线间的界面温度、平台温度、热模压力等。凸点高度的一致性和载带引线厚度的一致性也影响焊接效果，因为若一致性差，为使最低的凸点也能焊接好，高的凸点变形就要大一些，大的变形受到的压力大，有可能损害芯片钝化层和底层金属；对于窄间距，大变形使凸点挤向两侧，也容易形成短路。这些条件具有一定的分散性，焊接时需根据不同的情况调整好焊接的压力、时间、温度，以达到最佳的焊接效果，焊接后通过对焊点的观察和拉力试验就可摸索出满足实用要求的焊接条件。

2.3.3.2 TAB ILB 后的保护

TAB ILB 后需对焊点和芯片进行保护，其方法是涂极薄的一层环氧树脂。要求环氧树脂的黏度低、流动性好、应力小且氯离子及 α 粒子的含量小，涂覆后需经固化。这样既保护了焊点，避免载带引线受力时损伤焊点，也使芯片表面受到了保护。

2.3.4 芯片密封

WB 后,可以用标准的探针型的电路测试设备来测试封装,测试后做封装的聚合物密封。密封材料的选择是很重要的,一般来说,低黏度环氧树脂、用有机硅改进的环氧树脂、有机硅树脂等都是广泛应用的密封聚合物。这些树脂柔性较好,有利于防止芯片与密封间应力的产生。

密封过程与以前提到的 WB 封装用的密封方法类似。带有芯片的载带卷轴转放到专用的密封设备中后,注射器注入液态聚合物,将定量的环氧树脂化合物加到每一个芯片上,然后一同放入炉中加热,使聚合物固化而将芯片密封。密封的主要目的是保护芯片凸点和引线不受环境和机械的损害。最重要的是抵抗机械负荷,如折弯、冲击、振动等。

2.3.5 OLB

IC 芯片密封后就要与载带分开,以便测试和做老化实验。TAB 的好处之一就是它在 ILB 以后,器件可以在装配之前就做测试和老化实验。测试的目的是找出问题和确保装配的电性能。老化实验是将有功能的元件在操作条件下和高温下逐个检查,以便筛出高可靠性的元件,并挑出永久性失效的元件。即挑出在操作条件下的早期失效元件,确保只有可靠的元件转到下一个 OLB 工序。通过冲模的剪切冲压操作分离每一个芯片密封,与此同时,对于每个芯片封装来说,由于冲模的打折弯曲操作,封装的引脚也已形成。常见的引线脚形状是翼形。引线脚成型的目的是为下一步的 OLB 作准备,使其具有平整性,适合热压模和键合操作。

TAB 的最后一步是 OLB,如图 2-17 所示,作用是将塑封好的 IC 焊接到 PCB 上。使用铅锡共晶焊料(Sn:Pb 为 63:37),可以将镀锡或金的外引线端口焊接在引线框架或 PCB 的金属布线上。加热电极对焊料进行脉冲加热,对 TAB 的周边同时进行加热。焊料熔化后,关掉加热电源,但是保持电极对引线的压力,直到焊料凝固,从而保证所有引线的焊接导通。热电极一般用钼制作,钼不会被焊料浸润。与 ILB 类似,

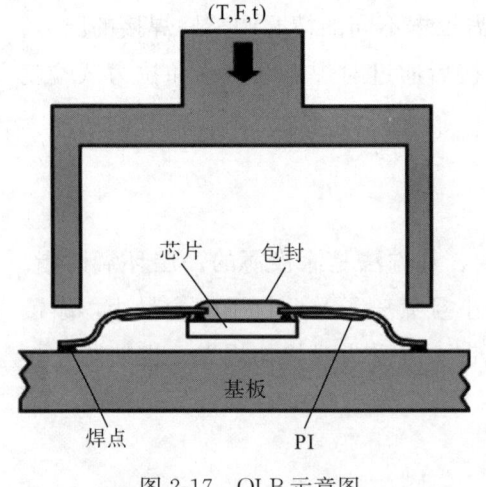

图 2-17 OLB 示意图

这一步可以用集体键合法或单点键合法。

与 WB 互连接相比，TAB 互连接具有较好的电性能，这主要是由于它的电路从芯片到基板间的引线长度小，因而降低了电抗及信号延迟。TAB 的优点主要有以下几点：

(1) 能适应小的键合点和更小的引线间距。
(2) 避免了长引线回路，改善了电性能。
(3) 互连接结构简单，可使封装变薄、变轻。
(4) 改进了传热性能。
(5) 能够封装更多 I/O 的 IC。
(6) 能够在载带上连续做老化实验，使检验工序简化。

TAB 的缺点主要有：

(1) 基本上仍然是四周互连接封装技术。
(2) 随着 I/O 数量越来越大，封装的尺寸也越来越大。
(3) 加工过程的灵活性差。
(4) 需要较大的设备投资。
(5) 返修加工比较困难。

2.4 芯片的倒装焊接技术

芯片倒装焊接(flip chip bonding，FCB)技术是指芯片正面朝下，将芯片上的各压焊点与封装基座上相应的各压焊点同时进行键合。这种方法省略了金属引线，键合速度快，电气性能好，可靠性和成品率高，有利于自动化生产。FCB 技术还省去了芯片贴装的步骤，将芯片上的凸点与载体上的焊点直接焊接，既固定了芯片，又实现了电和热的连接。

FCB 是芯片与载体直接安装互连的一种方法。WB 和 TAB 互连法都是芯片面朝上键合互连，而 FCB 则是芯片面朝下，芯片上的焊点直接与载体上的焊点互连，称为半导体芯片倒置，因而被叫做倒装芯片。硅芯片是直接与印刷电路板或芯片载体基底板焊接，因此 FCB 的互连线非常短，互连产生的耦合电容、互连电阻及互连电感均比 WB 和 TAB 小得多(表 2-4)，从而更利于应用在高频高速电子产品中。同时，芯片安装互连所占的载体面积小，因而芯片安装密度高。

表 2-4 WB、TAB 和 FCB 综合性能比较

项目	WB	TAB	FCB
可焊区域	芯片周围	芯片周围	整个芯片
引线 $R/\mathrm{m}\Omega$	100	20	<3
引线 C/pF	25	10	<1
引线 L/nH	3	2	0.2
焊点抗拉强度/(g/点)	5~10	30~50	30~50
焊点数	2	2	1
工艺对器件损伤	较大	小	小
焊区检查	可能	可能	难(可用 X 光)
最小电极直径/μm	70	50	5
最小电极间距/μm	130	80	10
最多引线数(10 mm 见方)	300	500	1600
芯片安装密度	低	中	高
综合可靠性	一般	很好	非常好

与引线连接不同，FCB 所有的 I/O 都是同步焊接的。FCB 技术一开始时也用四周互连接，但是很快就发展到面栅阵列封装。采用面栅阵列，I/O 数量大、间距又小的芯片就可以应用 FCB 技术连接。FCB 技术的先进性表现在它的低成本、高可靠性和高产量。它是表面安装技术的最先进的形式，在很多封装中，焊球倒装互连方法取代了昂贵的、生产效率低的 WB 方法。

在倒装芯片互连接中的 IC 凸点有 4 种功能：①在芯片和载体之间起到电的连接作用；②热芯片的散热路径；③防止环境的侵害；④在芯片和载体之间起结构连接作用。常用的凸点金属是金、铜和铅锡焊料(Sn/Pb)，最后晶圆片要在高温下退火，以便使电镀的金、铜金属硬度降到适合 ILB，或者铅锡焊料形成焊锡球。

FCB 芯片工艺中，最常见的芯片凸点是焊料凸点、金属柱凸点及塑性的聚合物凸点。

当然，FCB 也有不足之处，如芯片面朝下安装互连给工艺操作带来一定难度、焊点不能直观检查等，但是经过工程技术人员的努力，这些问题都得到了很好的解决。

2.4.1 芯片倒装互连接结构

FCB 是芯片面朝下，将芯片焊区与载体焊区直接互连的技术。一般先将芯片的焊点形成一定高度的金属凸点（Au、Cu、Ni、Pb-Sn 等金属或合金），再倒装焊到载体焊点上，也可在载体焊点位置形成凸点。因为互连焊接的"引脚"长度即是凸点的高度，所以互连线最短，芯片的安装面积也比用其他方法的安装面积小。不论芯片凸点多少，都可一次性完成 FCB，所以安装工艺简单易行，省工省时，特别适于高 I/O 引脚数的 VLSI 和 ULSI 芯片的互连，适合需要多芯片安装的高速电路应用。图 2-18 为倒装互连接结构的示意图。

芯片倒装技术是由美国 IBM 公司在 20 世纪 60 年代研究开发的，使用铅-锡合金焊球形成凸点，采用可控塌陷芯片连接（controlled collapsed chip connection，C4）技术进行键合。C4 技术是指键合完成后的凸点，其高度由铅-锡合金焊球的体积、芯片焊点和载体上焊点的面积决定，因此凸点的高度是可以控制的。采用这一方法制作凸点不仅简化了工艺，而且铅-锡焊料有诸多优点，如 FCB 时易于熔化再流焊，凸点高度的一致性好坏变得不太重要，因为熔化的铅-锡可以弥补因凸点高度不一致或载体不平引起的高度差，焊接时由于铅-锡处于熔化状态，故比硬凸点金属（如 Au、Ni、Cu）所加的焊接压力小得多，从而不易损伤芯片和焊点。铅-锡熔化时有较大的表面张力，因此焊接具有"自对准"效果，即使 FCB 时芯片与载体上下焊区对位偏移，也会在铅-锡熔化再流时将所有焊点拉回到中心位置。图 2-19 为 C4 凸点的结构图。C4 倒装技术用了高温铅-锡合金（通常是 93%Pb，7%Sn，熔点 300℃以上）的凸点，凸点淀积在半导体芯片的铝焊盘上。采用铅含量高的高温铅-锡合金，是为了保证这些凸点在后续加工过程中，例如 IC 外引线焊接的时候，如 SMT 和 BGA 焊接等，不会出现再熔化。

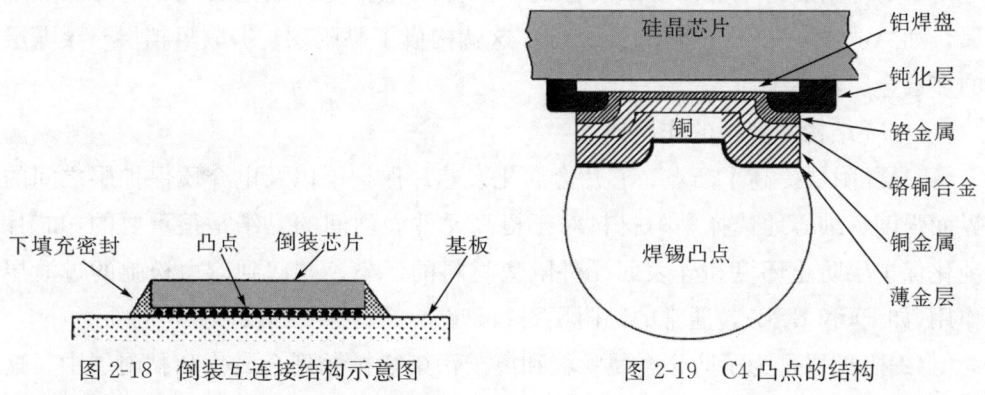

图 2-18　倒装互连接结构示意图　　　　图 2-19　C4 凸点的结构

2.4.2 芯片凸点下金属化

芯片 FCB 互连技术的关键在 4 个方面：凸点下金属化(under bump metallurgy，UBM)，芯片凸点、凸点和载体焊点间的键合，密封以及载体金属化，底部下填充。

UBM 是指凸点金属和芯片金属化之间的匹配层，UBM 处在凸点和芯片铝压焊点之间，通常由黏附层、阻挡层、浸润层组成。黏附层与铝或硅层和钝化层的黏附性好，保证与铝层或硅层形成低阻连接，并且使其 CTE 相近，热应力减小。阻挡层能阻止铅锡间化合物或金与铝、硅间的相互扩散。焊点浸润层能和焊点材料相浸润，使可焊性好。因为不能找到一种材料可同时满足上述三方面的要求，所以通常 UBM 都由三层金属膜组成。

最普遍的芯片表面金属是铝金属，也就是说，大部分芯片的互连接焊点是铝。但是也有用金做的(主要是用于砷化镓的应用)，由于铜金属优越的电性能，用铜金属做芯片焊点金属也逐渐普遍了。

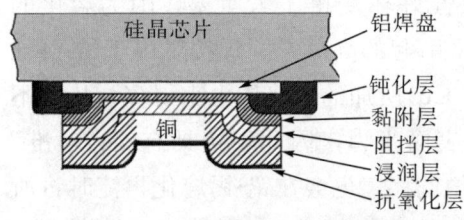

图 2-20 UBM 的结构示意图

UBM 的结构除焊点表面的黏附层、阻挡层、浸润层外，还包括一个防氧化保护层。图 2-20 给出了 UBM 的结构示意图。

在芯片铝焊区上制作各类凸点，除铝凸点外，制作其余凸点均需在铝焊区和它周围的钝化层或氧化层上先形成一层黏附性好的黏附金属，一般为数十纳米厚度的 Cr、Ti、Ni 层；接着在黏附金属层上形成一层数十至数百纳米的扩散阻挡层金属，如 Pt、W、Pd、Mo、Cu、Ni 等，以防上面的凸点金属(如 Au)越过薄薄的黏附层与铝焊区形成脆性的中间金属化合物。最上层是导电的凸点金属，如 Au、Cu、Ni、Pb/Sn、In 等。这就构成了黏附层－扩散阻挡层－导电层的多层金属化系统。

UBM 结构中各层的作用如下：

(1)黏附层提高了凸点、芯片金属化、芯片保护层以及电介质保护层之间的界面强度。细心地选择黏附材料对于提高元件表面间的黏结是很重要的。芯片钝化保护层防止环境和硅表面元件隔离材料的污染，并起到应力松弛的过渡层作用(如 PI 和 BCB)，通常的黏附层材料是 Cr、Ti、Ni、W、Ti-W 合金。

(2)阻挡层是为了防止金属颗粒和离子污染物扩散到金属化和黏附层中。这样的扩散会导致芯片和黏附金属的腐蚀以及生成脆弱的中间金属，阻挡层可明显提高互连接系统的可靠性。通常阻挡层金属包括 Cr、W、Ti、Ti-W 合金、Ni、Cr-Cu 合金。

（3）浸润层金属提供了一个凸点金属浸润和反应的可消耗层，形成一个中间金属，活化的凸点材料的分子扩散到浸润层，从而形成中间金属化合物。例如，共熔铅锡凸点材料的锡就会浸润和扩散到铜金属浸润层中，并形成铜锡中间金属，如 Cu_6Sn_5 和 Cu_3Sn。浸润层可以是 Cu、Ni、Pt、Pd。

（4）抗氧化保护层通常是非常薄的金层，有时也可以不要这一层。由于形成中间金属，薄金层可防止 UBM 凸点界面变脆。芯片凸焊接点的成型步骤如图 2-21 所示。

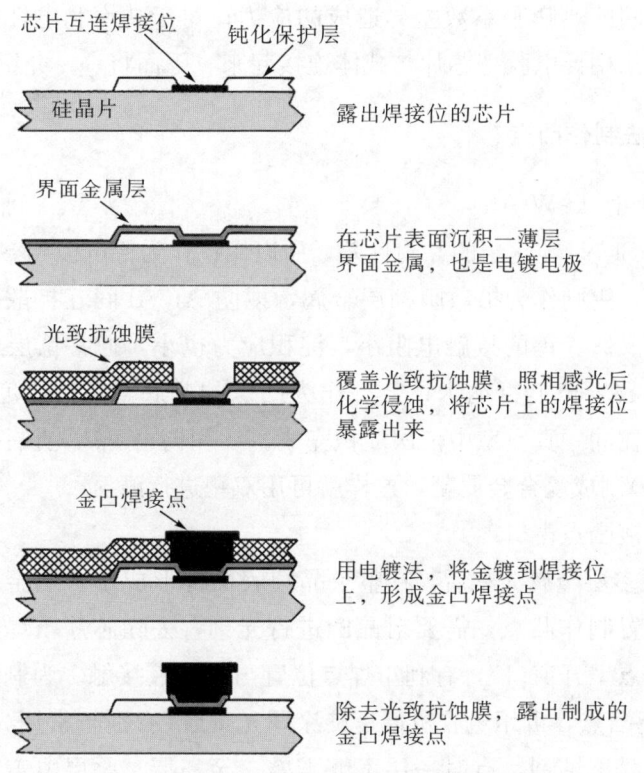

图 2-21　芯片凸焊接点的成型步骤

如今商业上应用的焊锡 UBM 包括[Cr、Cr-Ca、Cu、Au]系统，[Ti、Ni、Au]系统，[Ti、Pt、Au]系统，[Ti、W、Ni、Au]系统，[Al、Ni-V、Cu]系统和[Zn、Ni-P、Au]系统，每一个 UBM 系统适用于一定的条件和焊锡成分。一般来说，UBM 系统的选择必须考虑到金属化的要求，芯片的操作条件、流通电流的要求以及工艺历史(反复软熔循环等)的要求可以参见表 2-3。

有几种工艺都可以用来做 UBM 层,例如金属蒸发淀积、磁控溅射、电镀/化学镀等。单纯的金属蒸发淀积、磁控溅射制作凸点,由于金属消耗量大,加工费用高,因此使用较少。溅射-电镀工艺是目前采用的主要方法。现以 Ti-W-Au 这个 UBM 体系为例说明,以下所有流程都在晶圆表面进行。

2.4.3 凸点制作

由于应用领域和加工方式的不同,制作凸点的方法和凸点形式也多种多样,常规的有在 UBM 膜的表面通过电镀、化学镀或丝网印刷的方式得到凸点;还有直接在芯片的铝焊点上打金球制作凸点,金球还可以形成迭层凸点,用以缓解芯片与载体之间的热膨胀系数差异造成的应力;对于功率和电性能要求不高的芯片,还可以采用导电胶把芯片与载体连接起来。下面将一一介绍。

1. 溅射-电镀法制作凸点

1)蒸发/溅射 Ti-W-Au

金、铝和 Si_3N_4 钝化层的黏附性差,所以用钛作为铝电极和 Si_3N_4 钝化层上的黏附金属层,钨则作为扩散阻挡层金属,以防 Au-Al 间互扩散生成脆性的中间金属化合物。钛、钨的接触电阻小,淀积应力也小,通常钛层厚度为数十纳米,钨层则为数十至上百纳米,金层作为凸点的基底金属,厚度为数百纳米。这三层金属均在同一真空室中依次淀积完成。钛和钨也可以先按一定比例(如钛占 10%~20%)制成复合金属靶,这样就可用双靶进行溅射。

2)光刻电镀凸点窗口

Ti-W-Au 多层金属淀积后,在整个晶圆表面都形成了多层金属膜。为了只针对铝焊点位置制作凸点,需要对晶圆进行光刻,去除芯片压焊点位置的光刻胶,即对压焊点"开窗口",有利于焊点位置与电镀液接触。为制作一定高度的柱状金或铅-锡凸点,可用甩胶机低速旋涂厚光刻胶(有别于常用光刻胶),或在晶圆片粘贴干膜抗蚀剂,有时一层不够需叠二至三层。叠层覆盖需仔细控制速度、温度和压力,避免层间产生气泡。

涂(贴)厚光刻胶(膜)后即可用光刻掩模进行套刻,通过曝步、显影就形成所需的电镀凸点窗口,以便电镀。这里应注意,待电镀的凸点窗口中的残胶一定要去除干净,以免影响电镀凸点的附着力。

3) 电镀金凸点

根据凸点高度的要求不同，电镀时间也有长有短。一般光刻胶耐酸而不耐碱，所以配制的金镀液在酸性镀液中电镀时间无论长短都没有问题，但对碱性电镀液(如无氰碱性镀金液)，若时间过长，就可能产生浮胶或钻蚀现象。所以应当用弱碱性镀液，只适于电镀出完好的低高度(10～30 μm)的金凸点。为了电镀出颗粒细，均匀性、一致性好的金凸点，最好采用流动性镀液。电源也是影响凸点质量的重要因素，脉冲电源比直流电源好，因为脉冲电源的瞬时电流密度大，成核点多，镀出的凸点颗粒细，且均匀性、一致性好。

4) 去除胶膜，腐蚀多余金属膜

制作完凸点后，就要去除晶圆表面除了凸点位置以外的其余部分的 Ti-W-Au 多层金属膜。所选择的腐蚀液只应腐蚀一种金属，而不腐蚀其他金属和芯片表面的钝化层。其中对金的腐蚀尤其注意，应掌握好腐蚀时间，既要能完全去除晶圆表面的 Ti-W-Au 多层金属膜中的金，又要使腐蚀时间尽可能缩短，减少对金凸点的腐蚀，保持凸点的高度一致性。

最后将加工好凸点的晶圆进行划片，切割成一个个单片 IC，保存以待使用。

在制作铅锡凸点的过程中，根据光刻胶的厚度不同，有两种凸点生长模式，一种是柱形电镀生长，一种是蘑菇形电镀生长。柱形电镀凸点的原始形貌是圆柱形的，如图 2-22(b)所示，这种凸点在电镀时生长在光刻胶的"窗口"内，窗口内部电场均匀，凸点的生长速度一致，最后融化形成的凸点大小一致，但是要求光刻胶厚，可达 70 μm 以上，厚胶对曝光要求严格。蘑菇形电镀凸点的原始形貌是蘑菇形的，用一般的光刻胶作掩模制作，这种凸点在电镀生长时会冒出光刻胶的表面，如图 2-22(a)所示，当凸点冒出光刻胶后，会产生尖端效应，凸点局部的电场会增大，造成晶圆表面的电场分布不均匀，凸点除继续电镀增高外，还向横向发展，凸点高度越高，横向发展也越大。由于电镀时随横向发展的电流密度不均匀，因此最终的凸点顶面呈凸台状，凸点的尺寸也难以控制。最后熔融形成的凸点出现尺寸差异，这给随后的焊接带来害处，但是蘑菇形电镀对光刻胶和曝光的要求不是很严格。目前，随着光刻胶技术和光刻技术的发展，采用厚胶形成圆柱形生长的凸点技术是主流趋势。

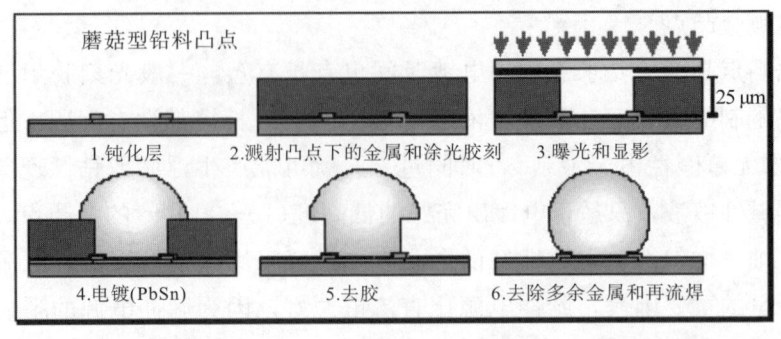

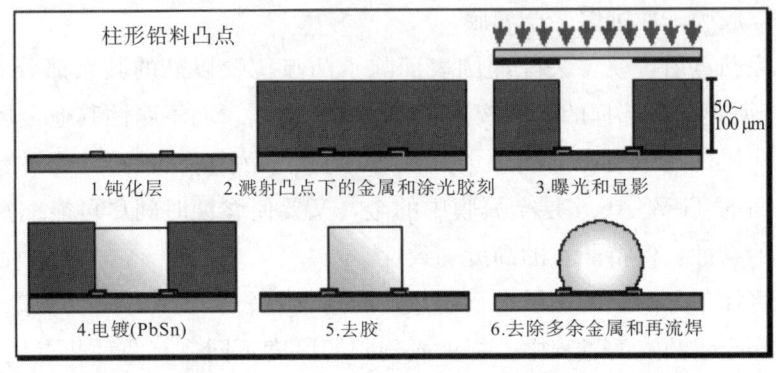

图 2-22 晶片上的焊接锡/铅焊料凸点的制做过程

2. 化学镀方法制作凸点

另一种 UBM 淀积工艺是以化学镀为基础，不需要采用蒸发/溅射的方法来制作 UBM。化学镀的实质是在一个催化条件下发生氧化还原过程。化学镀的溶液通常由欲镀的金属离子及络合剂、还原剂构成。镀液中的金属离子是依靠还原剂的氧化来供应所需的电子而还原成欲镀的金属原子，并沉积到被镀部件的表面。

芯片的焊区金属通常为铝，直接在铝上不能镀出符合要求的凸点金属。这是因为铝的化学性质活泼，它与氧的亲和力很强，在大气中极易生成一层薄而致密的氧化层。即使刚刚去除氧化层，又会在新鲜的表面立即生成新的氧化层，这就严重影响了镀层金属与铝焊区金属的结合力。铝的电极电位很低，很易失去电子，当芯片浸入化学镀液中时，即刻能与多种金属离子发生置换反应，而使其他金属与铝形成结合镀层。这种结合镀层疏松粗糙，与铝的结合力很差，从而严重影响了镀层金属与铝的结合力。铝的膨胀系数与许多金属镀层的膨胀系数差别大。在铝上直接获得镀层的内应力大，容易在热循环中使铝与镀层间发生失效。

要解决上述铝与镀层的结合力这一关键问题,一般是在铝与镀层金属间制取既与铝结合力好又与镀层金属结合力好的中间金属层,以便在除去铝上氧化层的同时就生成这一中间金属层,从而防止氧化层的再生成,并防止铝在化学镀时与镀液发生置换金属的反应,这就保证了铝与镀层金属的良好结合力。综合来看,金属锌是比较好的选择。

其原理是当铝焊区金属浸入锌酸盐溶液中时,铝上的氧化层就溶解下来,它与NaOH发生如下化学反应:

$$Al_2O_3 + 2NaOH = 2NaAlO_2 + H_2O$$

接着,锌与纯铝发生置换反应,锌原子沉积在铝上。化学反应如下:

$$2Al + 3ZnO_2^{2-} + 2H_2O = 3Zn + 2AlO_2^- + 4OH^-$$

由于锌与铝的电极电位比较接近,因此置换反应进行得缓慢而均匀。

当然,NaOH也会与铝发生反应并放出氢气,但由于氢气在锌上的过电位较高,加之在强碱中氢离子浓度非常低,所以上述过程受到强烈的抑制,从而使铝不致受到严重腐蚀,对获得均匀细致的锌镀层起到很好的保护作用。

在采用锌对铝焊点进行金属化后,就可以进行化学镀镍。化学镀镍是基于磷化镍的镀金属化学,已经应用得很普遍了,它是一个自动催化过程,用次磷酸盐作还原剂,淀积速度一般为 0.25 $\mu m/min$。化学镀有几步,包括微腐蚀、酸洗脱皮、锌酸盐化洗浴、从圆片外保护层剥除锌的调节洗浴、化学镀镍及最后洗涤。镀镍后,一层无定形态的镍和磷会淀积在芯片的I/O焊点上。一般来说,镀镍会在I/O焊点及下面的硅上留下很大的应力。这一应力是镀镍厚度和镍微结构的稳定性的函数。所以小心控制镀镍的每个步骤是很重要的。非晶态的镍磷微结构层也可能导致不稳定的微结构。从自由能的角度来讲,由于非晶态的微结构是不稳定的,镍总是趋向于最小的能量态,那就是结晶态。它可以形成稳定的晶态中间金属,也可能变成非晶态不稳定的团块结构。在镍之上,就可以化学沉积金凸点或者铅锡凸点了。

3. 焊膏印刷法制作凸点

另一种焊料淀积方法是焊料膏丝网印刷法。先按照化学镀的方法制作UBM,再采用模板印刷的方法,制作出不锈钢模板,模板刻蚀出的孔眼对应于印刷凸点的位置,用刮板挤压模板上的焊料膏使之漏到晶圆上,再通过回流焊得到铅锡凸点。该方法对于线间距非常细的(<250 μm)焊球印刷来说就很困难

了，其过程见图 2-23。这种凸点制作方法是基于"喷墨"印刷技术，它与打印机用的喷墨印刷类似。熔化了的焊料液滴喷到键合焊点上，形成焊球。这种方法可以高速连续淀积。

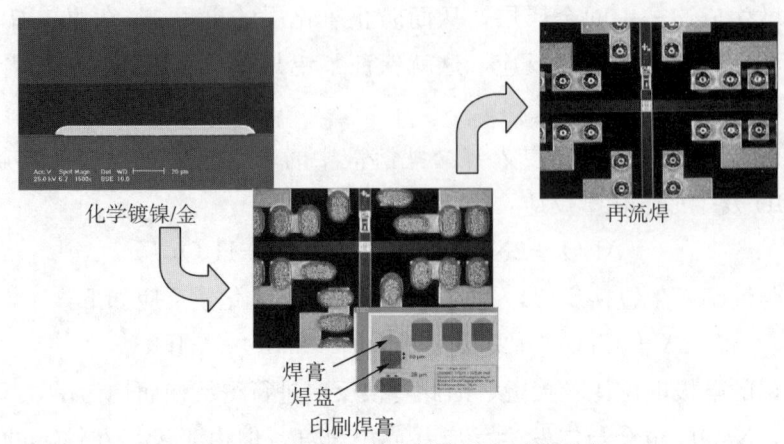

图 2-23　焊膏印刷法制作凸点过程示意

4. 金属柱凸点

FCB 芯片在工作和间歇过程或在高低温循环试验中，由于芯片与载体间的热失配往往使凸点与芯片表面产生剪应力，凸点过低形成的剪应力可使凸点周围的芯片表面龟裂。为了解决这一问题，一是尽可能增高凸点高度，二是在芯片下填充树脂。但单个凸点高度最多也只能达到与凸点直径的尺寸相同，即 1∶1 原则。特别是铅-锡焊料，其凸点的高度更受限制，若太高，焊料熔化时自身的重量就会大于焊球的表面张力而导致坍塌。而金属柱凸点就可以使凸点高度大大提高，可达到减小乃至消除剪应力的目标，从而大大提高其焊接的可靠性。据计算模拟，采用双层（两倍）高度的焊料凸点，20 mm 见方的芯片焊接可靠性比单层焊料凸点的可靠性提高 60 倍。

焊接柱形凸点可以用电镀或线柱成形技术。电镀焊柱是从 TAB 凸点的制作技术中引用来的，包括 Au、Ni、Cu、Au-Sn、Ni-Au 及 Ni-Cu。电镀和化学镀都可用，电镀淀积的速度要比化学镀高出一个数量级。线柱焊柱凸点是用球焊键合技术，在球焊键合形成后将线截断。线柱焊点可以铸成型，形成均一结构的焊接。最普遍的铸型焊柱是用 25 μm 直径的金丝，也可以用 98Pb-2Sn、Sn-Ag、Cu-Pt、Pd 等金属材料。下面以金丝为例介绍打球（钉头）凸点制作法。

1）钉头凸点的制作

打球凸点制作法是利用常用的金丝球焊接机所完成的。通常金丝球焊是在

IC芯片的铝焊区上打球焊接后，再将金丝拉到外引线的焊压位置上压焊断丝而完成WB过程。而用金丝球焊接机制作凸点是在IC芯片焊区上打球压焊后即将金丝从压焊的末端断开，就形成一个带有尾尖的金球状凸点（即钉头凸点）。这样制作的凸点高度一致性较差，为消除高度差异，在芯片凸点全部完成后要把所有凸点的尖端拍平，这样就成功去除了尾尖，形成了凸点高度、平整性及一致性好的凸点芯片。利用同样的凸点制作法，还可以在载体上对应芯片焊区的位置制作出载体凸点，再与芯片凸点一一对位压焊互连，从而完成FCB工艺。待芯片上所有焊区都形成这样的金球状凸点，该IC芯片就可以作为FCB芯片使用了。也可以在IC芯片上制作这类凸点而在载体上印(涂)铅-锡焊膏，这样安放好倒装芯片后，就可进行再流焊。这种凸点制作及FCB工艺过程如图2-24(a)所示，图2-24(b)和(c)是拍平前后凸点的模样。芯片焊点上的钉头凸点与载体焊点之间的连接也采用超声波热压焊进行。

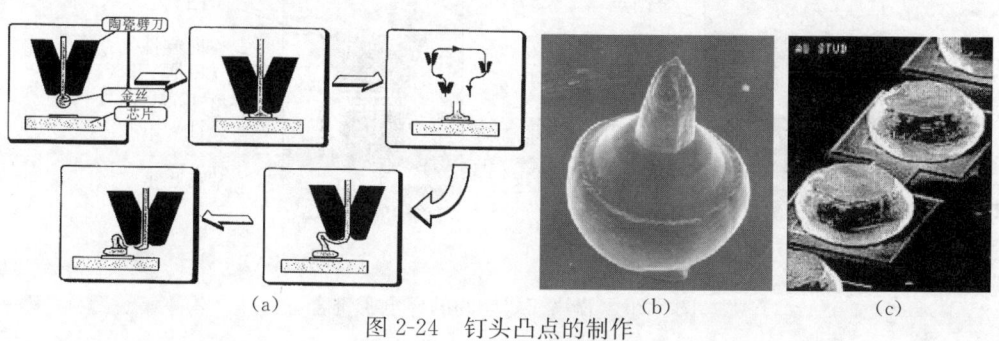

图 2-24　钉头凸点的制作

2) 迭层凸点制作法

若一层高度不够，还可以在已形成的金球状凸点上用此法再打球-压焊-断丝形成第二层钉头凸点，高度也增加一倍，这就是简便易行的迭层凸点形成方法之一。

为此，可用金丝打球法简便地制作迭层凸点。先在芯片或载体的每一个焊点制作单层金凸点，经拍平后再打球—压焊制作出二迭层金凸点，同样磨平后，再制作三迭层、四迭层……的金凸点。形状如同算盘珠叠在一起一样，每一层经磨平后高度约 45 μm。用打球法制作的七层叠层金凸点磨平压缩前后的情况如图 2-25 所示。

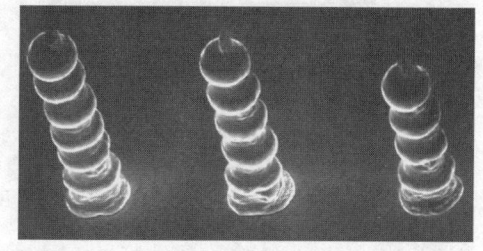

图 2-25　用打球法制作的七迭层金凸点

5. 导电胶凸点互连

导电胶也被用于倒装芯片的凸点与载体金属焊点之间的键合,主要有两种导电胶互连系统,即各向同性和各向异性导电胶系统。

1)各向同性导电胶键合(isotropic conductive adhesives,ICA)

图 2-26(a)是 ICA 方式,各向同性导电胶是填充片状银粉的环氧树脂,在固化后它们就变成在所有方向上都导电。为此,这种导电胶就只能在凸点位置需要键合的区域出现,凸点周围都是下填充材料。各向同性导电胶可以印刷到载体的焊点和芯片的凸点上,或者用蘸取法将导电胶粘在凸点上。后一种是将带有凸点的芯片蘸进非常薄的膏状导电胶膜中,这样一来,一定量的导电胶就传递到凸点上了,如图 2-27 所示。

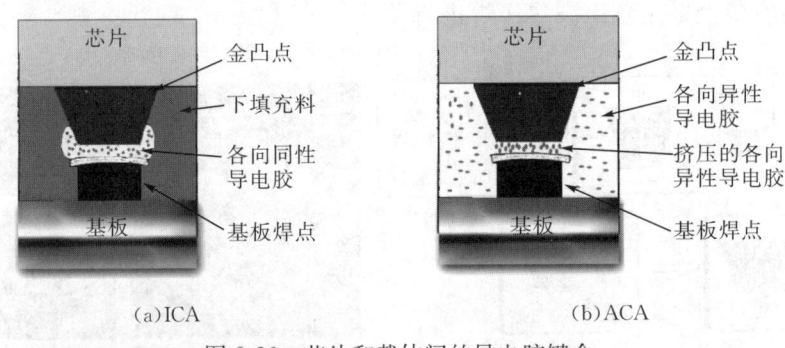

(a) ICA (b) ACA

图 2-26 芯片和载体间的导电胶键合

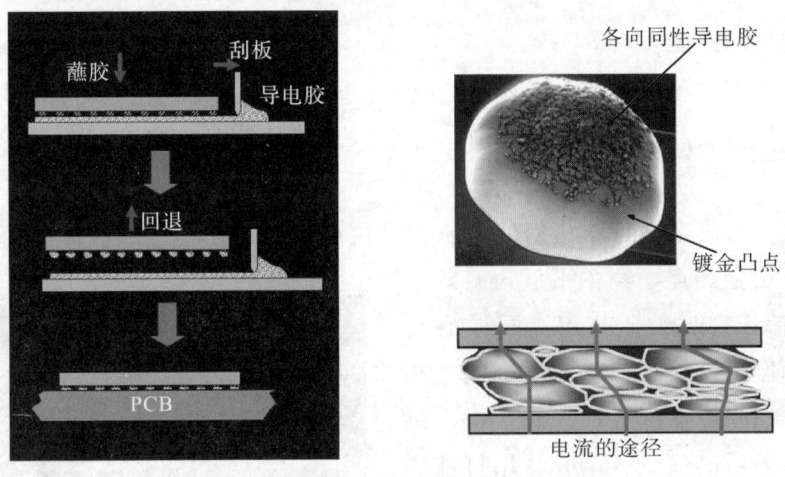

图 2-27 ICA 过程示意

第 2 章 芯片键合

2) 各向异性导电胶键合 (anisotropic conductive adhesives, ACA)

各向异性胶在装配时要求能高度精确地安放,因为这种胶没有焊锡的自动对准能力。此外,它要求相对较高的键合压力,同时要求键合头和载体卡具之间高度的平整,焊接压力大约每个凸点 20~100 g,可装配的芯片 I/O 数量不能太多。

图 2-26(b) 是 ACA 方式,各向异性导电胶是填充球状银粉的环氧树脂,或者是在聚合物微粒表面采用化学方法镀上金属的导电微球,导电微球的结构如图 2-28 所示。各向异性导电胶可以是薄膜状或膏状的填充有导电微粒的聚合物材料。除了银以外,导电球还可以是金属镍、镀金镍、镀金或镀镍金的聚合物颗粒,也可以是镀金的空芯聚合物球颗粒。各向异性粘胶在没有被凸点和载体焊点挤压和紧缩之前是不导电的,各向异性导电胶涂覆在整个芯片表面,在凸点与载体焊点对准后,在芯片上加压并加热固化,这样导电粒子挤压在凸点与焊盘间,导电粒子相互接触而导电,导电粘胶在凸点和载体金属之间形成键合,而在 X-Y 平面各方向,导电粒子不受力,不接触,故不导电。图 2-29 是 ACA 示意图。

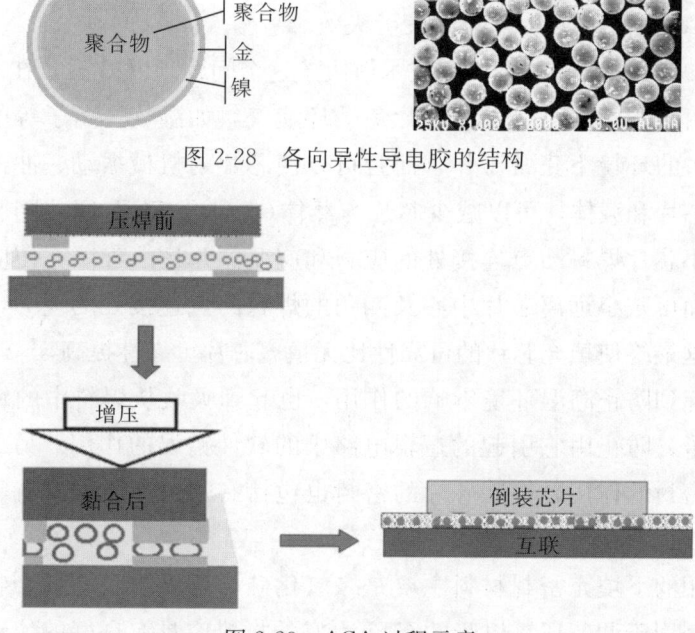

图 2-28 各向异性导电胶的结构

图 2-29 ACA 过程示意

在装配时，使用最普遍的凸点是钉头凸点和镀金柱形凸点。在载体焊点上用金做表面金属化，防止互连系统的腐蚀。导电胶连接不是像焊锡互连那样的金属学上的键合，这些粘胶连接形成的是机械接触，这种机械接触的电性能对于很多应用来说是足够的，但如果发生腐蚀现象，它就会出问题。一般来说，如果不在凸点和载体金属上镀上一层金，时间一长连接电阻值就会增加。因此，导电胶键合方式在凸点和载体金属上都镀有金来防止腐蚀失效。各向同性导电粘胶并不能象焊锡那样在装配时会自动对准，因而要求较精细的安配工艺。这种导电胶连接法多被用于液晶等平板显示器的倒装芯片凸点连接。

2.5 倒装芯片下填充

倒装芯片工艺起初是用在陶瓷基片上的，效果相当良好。在20世纪90年代早期，有机聚合物印制板载体开始作为陶瓷的取代品，用来制造更好、更廉价的芯片封装。但是有机载体有一个主要的问题：它的CTE远远大于氧化铝陶瓷和硅的CTE。所以，任何芯片倒装到有机载体上都会导致较差的连接可靠性，常常在少于100个热循环时就出现疲劳失效。

20世纪90年代出现的下填充技术解决了这个问题。FCB后，在芯片和载体间填充环氧树脂，不但可以保护芯片免受环境气氛如湿气、离子等的污染，利于芯片在恶劣的环境下正常工作，而且可以使芯片耐机械振动、冲击。特别是填充后耦合芯片和载体，可以减少芯片与载体（尤其是PCB）间热膨胀失配的影响，即可减小芯片焊料凸点连接处的应力和应变。并且由于填充使应力和应变再分配，从而可减小远离芯片中心及四角的焊料凸点连接处的应力，防止应变过于集中。这最终使填充芯片的可靠性比无填充芯片可靠性提高5~10倍。

下填充起到防止潮湿环境影响的作用，也起到吸收从焊料中的铅发出的有害 α 射线粒子、防止由它引起的逻辑电路中的软件错误的作用。另外，填充的聚合物也有密封的作用，倒装芯片的密封也包括有密封性质的没有受压的各向异性导电粘胶。

现今所用的下填充密封材料主要是二氧化硅与环氧树脂的混合物，二氧化硅作为填充剂用于调节环氧树脂的CTE。好的材料应具有良好的流动性和较短的固化时间。短的填充和固化时间对于大规模生产的经济效益是必须的。这些材料要能承受机械冲击、弯曲和抵抗环境侵害。与其他材料相比，以环氧树脂为基础的用来固化的聚合物材料表现出较高的玻璃转化温度(T_g)、良好的化学稳定性、低的吸水性和良好的流动性，并与其他封装材料有足够的黏结强度。下填充材料的关键性能参数是CTE、T_g、存放有效期(pot-life)、黏度、填充物尺寸、α射线粒子辐射及可游离的离子。

在倒装芯片装配中，下填充密封工艺方法是基于毛细管流动原理。要在元件的键合完成后做下填充，下填充材料主要是含有填充物的液体聚合物，多半是填充二氧化硅的环氧树脂。沿着倒装芯片的一边或相邻的两个边配给，填充液的表面张力将填充液体材料拉到芯片下面，所形成的液体池通过毛吸作用下填充到元件的缝隙间。

装配时，填充液的流动度取决于黏度、温度、表面张力、胶化时间、缝隙高度以及表面浸润能力。与毛细管流动填充工艺有关的工艺参数有填充液配给方式、剂量、温度、配给注射的速度以及与芯片间的距离。配给方式有两种，填料可以沿着芯片的一个边配给，一旦填料流到芯片下面，开始在另外一边配给，第二个配给起到确保完全地填充和形成填塞层的作用。另一个方法是沿着两个相邻的芯片边配给，也被称为L形配给，如图2-30所示。通常用提高载体和芯片温度的方法来帮助下填充料流动。

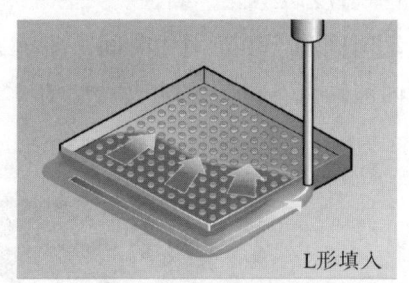

图2-30　L形下填充

填充液流过各种形状的键合点，需不断地补充填充液使液池充满，保证芯片下面能足够完全地填充，直到形成了一个完整的填塞层，这个填塞层对于应力的补偿是很关键的。填塞填充物后，要将填充料热固化，形成坚固的聚合物化合物。下填充聚合物需要在烘箱里固化，固化温度要低于焊锡熔化温度，大约在130~175℃的范围。

下填充工艺可能出现的问题是空洞、剥离及潮气渗透。在填充配给期间，留在芯片和载体之间的空气会造成空洞，填充材料的浸润性能不好就会造成剥离，这两者都会引起焊锡破裂和潮湿气浸透。另外，有机载体在空气中放置时间过长，吸收了潮气，在下填充时也容易产生空洞。

毛细流动时间与芯片尺寸的平方成正比，而与芯片离开载体的高度成反比。可是芯片尺寸越来越大，芯片与载体间高度却越来越小，这就使得填充时间越来越长,给传统的倒装芯片填充工艺带来很大的压力。为此,除了毛细流动以外,注射流动工艺和压力流动工艺也得到了发展。

注射流动工艺:这一工艺是用一个施压模具,模具口与芯片边缘紧密配合并封住边缘,把填充料挤进去;另外一种方法是在载体间贯穿一个小孔,通过小孔注射填充料,聚合物从芯片的中心处向四周扩散流动;第三种方法是用特殊设计的传递模塑工艺,下填充料是在压力下注射到芯片和载体间的缝隙中去的,这样就解决了较慢的毛细流问题,大大地提高了填充速度。

压力流动工艺:在装配芯片前就预先将填充料滴到载体上,在芯片装配时,填充料在芯片和载体间受到挤压,就平铺开来。它适用于非流动型下填料的填充工艺,见图2-31。

为了提高可靠性,倒装芯片组装到有机载体上必须用下填充。最关键的因素是工艺的可行性(流动时间、固化时间、保存有效期限、流动特性等)及可靠性(湿度敏感性、黏性、热性能、机械性能、腐蚀性、电迁移性等)。下填充流动时间和下填充固化时间需掌握。一般情况下,下填充材料可在1~5 min时间内流动到5 mm^{2}的芯片下。在125~130℃温度下,固化时间需要30~90 min。

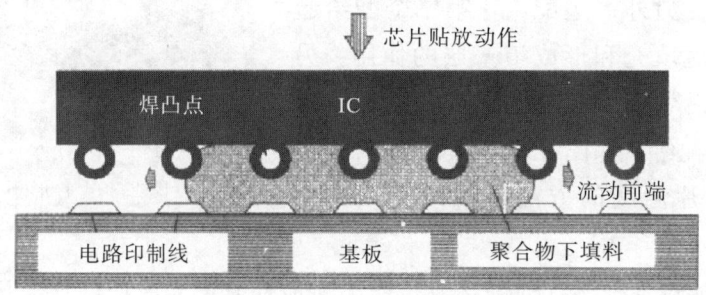

图2-31 压力流动底部填充工艺

2.6 倒装芯片互连接成品的电性能和可靠性

倒装芯片工艺提供了芯片至封装之间的最短距离的互连接,由于倒装芯片工艺具有最小的阻抗、电阻、电容和电感,倒装芯片互连接的电性能无疑是非常好的,见表2-5。然而,倒装芯片装配的电气性能很大程度上取决于互连接工艺过程设计方案和材料系统的选择,包括互连接材料、下填充材料、载体的金属化、载体助焊料掩膜、芯片的钝化层等。所以，在设计和选择材料时必须非常小心。

表 2-5　芯片级封装的参数

项目	WB	TAB	FCB
连接金属	Al	Au	Cu	Pb/Sn
电阻/Ω	0.035	0.03	0.02	0.002
电感/nH	0.65	0.65	2.10	0.200
电容/pF	0.006	0.006	0.04	0.001
I/O 密度	400	400	400	1600
返修性能	不好	不好	不好	好
失效率(1000 h)/%	1×10^{-5}	1×10^{-5}	N/A	$<1\times10^{-8}$

对倒装芯片结构做下填充的主要目的，是补偿硅晶片和高 CTE 的载体之间的 CTE 不匹配。在热循环时，热力上的不匹配引起互连接明显的剪切应变，这就导致塑性应力损害，疲劳破裂，甚至电的失效。下填充材料在芯片和载体之间形成坚实密封，提高了倒装芯片装配的热冲击可靠性。换句话说，这些材料从机械上耦合了芯片和载体，并且局部地抑制了两者之间的 CTE 错配。

无论倒装芯片在有机板上还是在陶瓷载体上，倒装芯片的很多缺陷和失效模式都被认为是很普遍的，由于倒装芯片与有机层压板的 CTE 差别巨大，在有机载体上发现产品寿命的缺陷和失效要比在陶瓷产品上早得多。

倒装芯片可能出现的缺陷有：

(1) 剥落和空洞的长大。在芯片倒装配的界面上发生剥离是很普遍的。通常会发生在芯片的钝化保护层和下填充的界面上，或者发生在下填充和阻焊膜的界面上；剥离也发生在下填充和焊锡互连接界面上或者阻焊膜和载体的界面上。剥离是界面之间的黏结强度低造成的，这可能是由于界面的洁净度不够，或者焊剂与下填充的不匹配，下填充与芯片保护层不匹配，下填充与焊锡掩膜不匹配等造成的；灰尘颗粒、无机物污染和有机物污染都可能造成下填充不能有效地黏结；材料的不匹配也会增加剥离发生的可能性。下填充的界面剥离可能导致焊锡出现快速疲劳。

(2) 焊锡迁移。焊锡迁移可以发生在倒装芯片的工艺过程、可靠性测试过程及使用操作过程中。焊锡迁移多出现在空洞或者在键合的剥离处。固化下填充材料往往要求长时间的高温，特别是在空气中热循环时，焊锡通过附近的空洞释放内部压力,焊锡会发生蠕动。如果温度过高,焊锡可以处于熔融态,或者是黏性塑性状态,使迁移发生。随着材料蠕动进入空洞,在接下来的热循环中,焊接点处的热应力就会集中。焊锡迁移一般会缩短器件的寿命。通过减少空洞和剥离、改变下填充的形态、改进载体设计、选择合适的固化温度及下填充材料等,可以避免焊锡迁移。

(3)芯片破裂。在倒装芯片的装配过程中,由于脆弱的硅半导体带有应力,以及芯片表面带有缺陷,使这一半导体材料的破裂强度降低。一般有两种芯片破裂:中心开裂和边缘开裂,常见的是沿着倒装芯片的边缘破裂。边缘破裂可能是晶圆片在切分芯片时造成的局部缺陷引起的。包括刀伤痕、小裂片、裂片引起的表面裂纹,表面损伤及其他不正常芯片边缘。中心开裂是致命的故障。它是由于芯片键合到载体上并且两者的 CTE 错配带来的弯曲应力引起的。弯曲应力加上芯片的不规则,降低了硅的破裂强度。温度的波动或进行热循环测试也会发生芯片破裂。

(4)焊锡疲劳破裂是一个普遍的造成失效的原因。反复的应力变化会造成焊锡的疲劳破裂。最常见的焊锡疲劳是由下填充与芯片保护层之间的剥离引起的。下填充的剥离会引起焊接点应力集中,导致电路断路。

IC 封装从有封装、少封装向无封装方向发展,裸芯片及倒装将成为趋势。表面安装技术(SMT)和倒装芯片技术的进步,可将裸芯片直接倒装焊接到多层基板上,称为芯片直接贴装(DCA)技术,可同时完成贴装与焊接,不但芯片占的基板面积小,而且相对成本也很低。但是 DCA 技术可靠性相对较低,一般用于低值电子产品,或者小尺寸的芯片焊接。

FCB 技术、WB 技术结合 BGA 封装技术构成了新一代封装技术,即芯片尺寸封装的基础。芯片尺寸封装既具有封装芯片的一切优点,又具有倒装芯片的所有长处。CSP 可全面老化、筛选与测试,可成为真正的已知好芯片(known good die,KGD)。

当所有的这些封装工艺正在发展时,一个全新的封装概念已经形成,它将影响工艺的方向,它就是晶圆片级封装。

第 3 章　外引线焊接技术

第 2 章讲述了芯片与承载体之间的固定和键合，本章主要讲述 IC 与 PCB 之间的焊接和电连接技术，包括 SMT 和插装技术；另外介绍焊接中经常使用的含铅和无铅焊料。

自无线电发明的那天起，电子组装技术就相伴诞生了。20 世纪 50 年代，英国人研制出世界上第一台波峰焊接机，人们将晶体管等有引脚的元件插装在印制电路板（PCB）的通孔内，采用波峰焊接技术实现了插孔元件的装联。SMT 是 20 世纪 80 年代开始流行的组装技术，代表产品是 SOP 和 QFP，可以在 PCB 的两面进行组装，大大提高了引脚数和组装密度。SMT 是将表面贴装元器件贴、焊到 PCB 表面规定位置上的电子装联技术，所用的 PCB 无须钻插装孔。具体地说，就是首先在 PCB 焊盘上涂覆焊膏，再将表面贴装元器件准确地放到涂有焊膏的焊盘上，通过加热 PCB 直至焊膏熔化，冷却后便实现了元器件与 PCB 之间的互连。SMT 具有引线短且细、间距小、封装密度高、电性能提高、体积小、重量轻、厚度小、易于自动化生产等优点，故 SMT 作为新一代电子装联技术已广泛地应用于各个领域的电子产品装联中。

为了进一步提高封装密度、增加 I/O 数以及电路工作频率，以满足高性能的 ASIC 和微处理器芯片发展的需要，20 世纪 90 年代开启了 BGA 封装和 CSP 时代。BGA 的焊锡球作为连接点而被排列在封装体的下表面，从而极大地提高了表面安装封装的 I/O 终端数量。现代的小型手提电子产品要求更小、更薄和更轻的产品封装，因而就出现了芯片尺寸封装，封装体的尺寸与芯片的尺寸相近。BGA 封装和 CSP 具有电性能优良、散热快、I/O 数目多等特点，逐渐成为芯片封装的主流。BGA 封装和 CSP 在组装技术上与 SMT 兼容，有利于封装产业的快速升级。

目前，插装元件、表面贴装元件和 BGA 元件都有各自的应用范围，因此我们会对波峰焊、SMT 和 BGA 都予以介绍。

3.1 焊接机理简介

钎焊分为硬钎焊和软钎焊，主要是根据钎料（以下称焊料）的熔化温度来区分的，一般把熔点在450℃以下的焊料叫做软焊料，使用软焊料进行的焊接就叫软钎焊；把熔点在450℃以上的焊料叫做硬焊料，使用硬焊料进行的焊接就叫硬钎焊。

电子装联用锡焊是一种软钎焊，其焊料主要使用锡、铅、银、铟、铋等金属，目前使用最广的是 Sn-Pb 和 Sn-Ag-Cu 系列共晶焊料，熔点一般在185℃左右。

芯片键合、IC焊接和元器件的组装都涉及各种金属之间的焊接，要求焊接后电阻小、机械强度高、使用寿命长。焊接过程是焊料与被焊金属的结合，其微观机理包括机械啮合、浸润、扩散和中间合金。

1. 机械啮合理论

元器件引脚或焊盘在焊接过程中呈固体状态，焊料呈液体状态。任何固体表面层的性质都与它内部的性质是完全不同的，经过长时间暴露在空气之中，其差别则更为明显。固体由于表面吸附有气体、水膜、氧化物、油脂、尘埃等，因而是不清洁的。另外，宏观上清洁的表面，在微观上却是非常粗糙、凹凸不平、呈峰谷交错状态的。在210～250℃的焊接温度下，熔化锡-铅焊料流入元器件引脚和焊盘凹凸不平的多孔表面内，冷却后像小钩子一样使锡-铅焊料与焊盘及元器件引脚结合在一起，就形成了强有力的机械啮合。

2. 浸润

软钎焊的第一个条件，就是已熔化的焊料要在要连接的固体金属的表面充分漫流以后，使之熔合为一体，这样的过程叫做"浸润"（图3-1）。通常低表面能的材料能够对高表面能的材料进行浸润。微观上的金属表面非常粗糙，如果将熔化的清洁焊料放在清洁的固体金属表面，焊料借助毛细现象产生的毛细管力，在固体金属表面上扩散，直到把固体金属润湿。

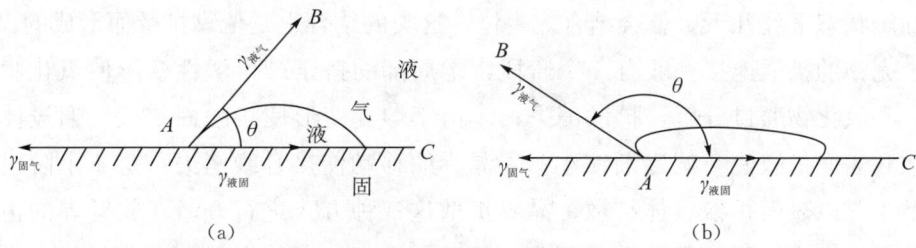

图 3-1 润湿作用与润湿角

$\gamma_{液气}$是液态焊料与大气的界面张力;$\gamma_{液固}$是液态焊料与固态金属的界面张力;$\gamma_{固气}$是固态金属与大气界面张力。$\gamma_{固气}$力图使液面沿 CA 铺开,而 $\gamma_{液固}$ 和 $\gamma_{液气}$ 则力图使液滴收缩,达到平衡时建立下列关系,即 T. Yong 在 1805 年提出的著名杨氏方程:

$$\gamma_{固气} = \gamma_{液固} + \gamma_{液气} \cos\theta$$

或

$$\cos\theta = (\gamma_{固气} - \gamma_{液固})/\gamma_{液气}$$

在焊接过程中,$\gamma_{固气}$增大,$\gamma_{液固}$或$\gamma_{液气}$减小,都能使 $\cos\theta$ 增大,此时铺展面积增大。从物理意义上来说,$\gamma_{液气}$减小意味着液态焊料内部原子对表面原子的吸引力减弱。液态焊料原子特别是边缘表面的原子,趋向金属表面,使表面积增大,焊料就铺展开来。同样,$\gamma_{液固}$减小,表明固体金属对液体的吸引增大,使液态焊料内部的原子容易被拉向固-液界面,也容易铺展。

式中的 $\cos\theta$ 称为润湿系数,这样,液态焊料对金属的润湿程度可以用液-固之间润湿角 θ 的大小来表征,即

(1) 若 $\gamma_{固气} - \gamma_{液固} = \gamma_{液气}$,则 $\cos\theta = 1$,$\theta = 0°$,这是完全润湿的情况。

(2) 若 $\gamma_{固气} - \gamma_{液固} < \gamma_{液气}$,则 $1 > \cos\theta > 0$,$\theta < 90°$,焊料能润湿金属表面。

(3) 若 $\gamma_{固气} < \gamma_{液固}$,则 $\cos\theta < 0$,$\theta > 90°$,焊料不能润湿金属表面。

3. 扩散

前面对软钎焊中的重要条件——浸润问题做了叙述,与这种浸润现象同时产生的,还有焊料对固体金属的扩散现象。由于这种扩散,在固体金属和焊料的边界层,往往形成金属化合物层(合金层)。

通常,由于金属原子在晶格点阵中呈热振动状态,所以在温度升高时,它会从一个晶格点阵自由地移动到其他晶格点阵,这种现象称为扩散现象。此时的移动速度和扩散量取决于温度和时间。例如,把金放在清洁的铅面上,在常

温加压状态下放几天,就会结合成一体,这类的结合也是依靠扩散而形成的。

完整的扩散连接一般有 4 个阶段:①局部的挤压产生塑性变形使氧化膜破碎;②氧化物通过分解,扩散消失;③由于熔变变形使接触面扩大,通过体积扩散和表面扩散使空洞逐渐缩小;④晶界的移动使接合线消失。这 4 个阶段的扩散主要以表面扩散、体扩散、晶界扩散这三种方式进行。但在软钎焊的情况下,很少有进行到晶界移动的程度,因为如果产生了晶界的移动,材料本身的性质将受到破坏。一般的晶内扩散,扩散的金属原子即使很少,也会成为固溶体而进入基体金属中。不能形成固溶体时,可认为只扩散到晶界处。因在常温加工时,靠近晶界处晶格紊乱,从而极易扩散。

固体之间的扩散,一般可认为是在相邻的晶格点阵上交换位置的扩散。如上一章讲述的金丝球焊就属于这种情况。

4. 中间合金理论

焊接时,焊料成分向母材金属内扩散,母材金属也向焊料中扩散,溶解在接触界面形成合金,焊点依靠合金将元器件及焊盘与锡-铅焊料接合在一起。

接触面形成的合金主要以两种方式存在:一种是金属元素按各原子量比结合在一起的金属化合物,如 Cu_3Sn、Cu_6Sn_5、$Cu_{31}Sn_8$ 等;另一种是元素之间在固态下相互溶解而形成的一种合金,称为固溶体合金。

3.2 波峰焊技术

波峰焊(wave soldering)是利用波峰焊机内的机械泵或电磁泵,将熔融焊料推向波峰喷嘴,形成一股平稳的焊料波峰,从喷嘴中溢出,装有元器件的 PCB 以直线平面运动的方式通过焊料波峰面而完成焊接的一种焊接工艺技术。波峰焊的工艺流程如图 3-2 所示。

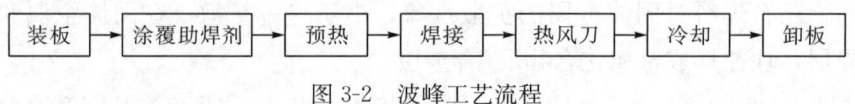

图 3-2 波峰工艺流程

(1)装板:将所焊接的 PCB 置于机器中。
(2)涂覆助焊剂:PCB 表面喷涂助焊剂。

(3)预热：预热 PCB/焊点，减少 PCB 翘曲，活化助焊剂。
(4)焊接：完成实际的焊接操作。
(5)热风刀：去除桥连，并减轻组件的热应力。
(6)冷却：冷却产品，减轻热应力带来的损坏。
(7)卸板：取出焊好的电子组件板。

3.2.1 助焊剂涂覆

助焊剂用于去除 PCB 焊盘和元件引脚端头表面的氧化层，在焊接中防止焊锡的再氧化，降低被焊接材料的表面张力，增加焊料的扩散能力。助焊剂的种类很多，大体上可分为三大系列。现在广泛采用的助焊剂分成有机酸系和树脂系两大类。由于酸系助焊剂腐蚀性强，所以在表面组装的焊接中，通常采用树脂系助焊剂，包括松香系列和合成树脂系列，如图 3-3 所示。

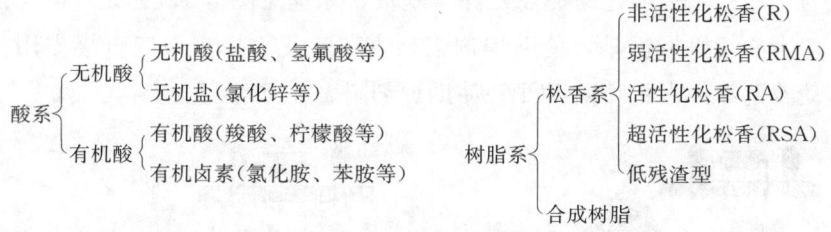

图 3-3 助焊剂的分类

松香是最普通的助焊剂，主要指松树松香，其主要成分是松香酸及其同素异形体、有机多脂酸和碳氢化萜，具有弱酸性和热熔流动性。在室温下松香是硬的，最纯的松香叫水白松香，简称 WW，它是最弱的非活性助焊剂。在焊接工艺中，水白松香能去除足够的金属氧化物而使焊料获得优良的润湿性能。为了改变水白松香的活性，可以添加诸如烷基胺氢卤化物等活化剂，从而形成一系列的松香助焊剂。

合成助焊剂的主要成分是合成树脂，可根据用途制配出不同类型的合成助焊剂，主要用于波峰焊。树脂焊剂这一名称常和松脂焊剂混用。天然树脂除了松树松香外，还有木松香和高油松香。高油松香是造纸工业中处理木纸浆时的副产品。有人用它代替松香，是因为它的热稳定性好，且残留物比较容易溶解于有机溶剂，容易清洗。含有木松香或高油松香的焊剂有时被称为树脂焊剂。天然树脂可以通过氢化、聚合或脂化来改良，其产品可以用于波峰焊、焊膏、焊接丝的线心焊剂等，这些焊剂也被称为树脂焊剂。采用双波峰焊接时，由于双波峰焊接系统具有很强的焊料擦洗作用，焊接时第一个波峰会洗掉助焊剂，导致第二个波峰时，由于助焊剂不足而出现焊料拉尖和断路。采用合成树脂和松香焊剂组成的合成助焊剂能解决这些问题。

目前常见的助焊剂涂覆方法有发泡法、浸渍法、喷雾法和刷涂法。发泡法、浸渍法、喷雾法适用于孔金属化的印制板（双面板），因为这几种方法能使助焊剂渗透到孔内，保证高的焊接可靠性。

发泡法涂覆助焊剂的过程是在液态焊剂槽内埋一根管状多孔陶瓷，并在多孔陶瓷管内接入低压压缩空气，压缩空气迫使助焊剂流出陶瓷管并产生均匀的微小泡沫，当元件印制板经过喷嘴时就能均匀地附着上助焊剂而完成涂覆，涂覆原理见图3-4。多余的助焊剂仍沿着喷嘴口流回焊剂槽中，同时余下的气泡会逐步消失，否则会出现外溢现象。

喷雾法有两种形式，目前采用的是气压喷嘴方式，焊剂受到 0.05~3MPa 的气体压力，通过喷嘴雾化涂覆在元件印制板，原理见图3-5；更先进的是通过超声波，产生高频机械振动，使助焊剂强烈震荡雾化，再由空气直接作用在雾气上，推动着助焊剂微粒喷向PCB，使助焊剂附着在PCB上。

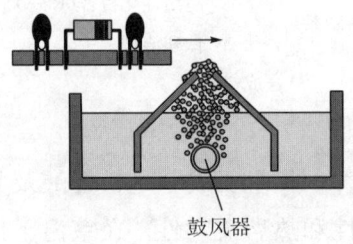
图 3-4　发泡法涂覆助焊剂

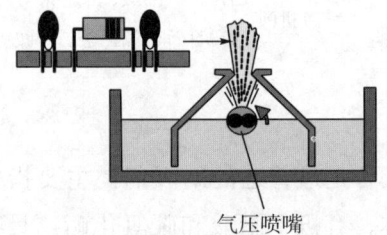
图 3-5　喷雾法涂覆助焊剂

3.2.2　预热

在波峰焊中涂覆助焊剂后应立即烘干（又称预热），助焊剂的预热可以使其中大部分溶剂挥发，还可以促进PCB制造过程中夹带的水汽挥发。如果溶剂依靠焊料槽的温度进行挥发，则因挥发时需要吸收热量，会造成波峰液面焊料冷却影响焊接质量，甚至会出现冷焊等缺陷。当然预热也应适当，使PCB上助焊剂保持适合的黏度，如果黏度太低，助焊剂过早地从焊接面上排出，会使焊盘润湿性变差，严重时会出现桥接等毛病。

预热的另一个优点是能降低焊接期间对元器件及PCB的热冲击。片式电容是由多层陶瓷叠加而成，易受热开裂，特别要防止焊接对片式电容的热冲击。

通常预热温度控制在 94～110℃，最佳预热温度将取决于被焊产品的设计、比热、焊剂中溶剂的汽化温度、蒸发潜热等多方面因素。例如，多层印制板需要较高的预热温度来干燥和活化金属孔中的焊剂，以确保焊料渗透；对于大型元器件、金属支座和散热器，应均匀分布以防吸热不均匀。这两大因素在实施大批量焊接时是非常关键的，预热处理能使 PCB 材料和元器件上的热应力作用降低至最小的程度。预热采用热空气对流、红外线加热源烘烤等方式。

3.2.3 焊接

当 PCB 进入波峰面前端(A)时，基板与引脚被加热，并在未离开波峰面尾端(B)之前，整个 PCB 浸在焊料中，即被焊料所桥连，但在离开波峰尾端的瞬间，少量的焊料由于润湿力的作用，吸附在焊盘上并透过焊盘孔与元件引脚间隙(毛细现象)上升到 PCB 另一侧元件的

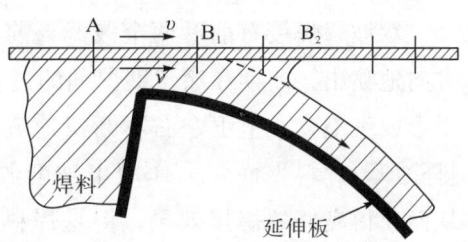

图 3-6 元件焊接示意图

根部。并由于表面张力的原因，会以引线为中心收缩至最小状态。此时锡料与焊盘之间的润湿力大于两焊盘之间焊料的内聚力，因此就会形成饱满、圆整的焊点，离开波峰尾端的多余的焊料，由于重力的原因，回落到锡锅中，如图 3-6 所示。PCB 离开焊料波时，分离点位于 B_1 和 B_2 之间的某个地方，分离后形成焊点。

相反，若焊盘的可焊性差、焊接温度不够，则会出现锡料与焊盘之间的湿润力不足以克服两焊盘之间的焊料的内聚力，就会造成桥连。

1. 单波峰焊接

单波峰焊接借助焊料泵使熔融状焊料不断垂直向上地朝狭长出口涌出，形成 20～40 mm 高的波峰。这样可使焊料以一定的速度与压力作用于 PCB 上，充分渗透入待焊接的元器件引脚与电路板之间，使之完全浸润并进行焊接。单波峰焊的缺点是焊料波峰垂直向上的力会给一些较轻的元器件带来冲击，造成浮动移位或空焊接，其原理见图 3-7。

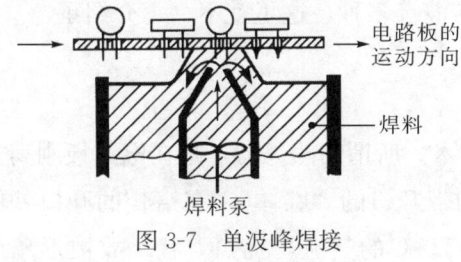

图 3-7 单波峰焊接

2. 双波峰焊接

由于表贴元件(SMD)不像插装元件(THD)那样安装有插孔，因此助焊剂受热后挥发出的气体无处散逸。另外 SMD 有一定的高度和宽度，又是高密度贴装，而焊料表面有其张力作用，因而焊料很难及时浸润并渗透到待贴装元件的每个角落，容易产生遮蔽效应，产生死角。所以，如果只是采用单波峰焊接方法，会产生大量漏焊或桥连。为了解决这些问题，必须采用另外一种更加有效的焊接方式——双波峰焊接。

双波峰焊接有前后两个波峰，前一波峰较窄，流速快，熔融焊料不断变换方向地喷出。前期在涂覆助焊剂的过程中，会包裹一些气体，在 PCB 的助焊剂中形成气泡。在上下左右不断快速流动的湍流波作用下，助焊剂中的气泡都被排除掉，焊料表面张力作用也被削弱，减少了漏焊和焊缝不充实等焊接缺陷，从而获得良好的焊接效果，但是焊料过量。后一波峰为双方向宽平波，焊料流动平坦而缓慢，可以去除多余焊料，焊缝充实无缺陷，焊料不过量，消除拉尖和桥接，确保焊接可靠性，其原理见图 3-8。

双波峰焊接对 SMD 可以获得良好的焊接效果，已在插贴混装方式的 PCB 上普遍采用。双波峰焊的缺点是 PCB 两次经过波峰，受热量较大，一些耐热性较差的 PCB 易变形翘曲。

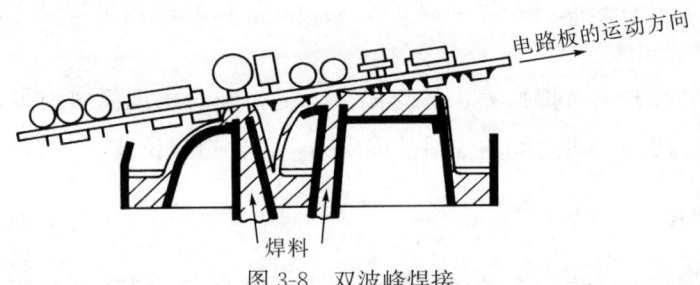

图 3-8 双波峰焊接

波峰焊的波峰形式从单波峰发展到双波峰、三波峰和复合波峰 4 种。双波峰的波形又可分为 λ 型、T 型和 O 型旋转波等多种，这里就不一一介绍了。

3.2.4 热风刀技术

热风刀是 20 世纪 90 年代出现的新技术。所谓的热风刀，是在电路板刚离开焊接波峰时，在它的下方放置一个窄长的带开口的"腔体"，在窄长的开口处能吹出 $(4\sim20)\times0.068$ atm 且温度为 $500\sim525$℃ 的气流，犹如刀状，故被形象地称为热风刀。热风刀的高温高压气流吹向电路板上尚处于熔融状态的焊点,过热的风可以吹掉多余的焊锡,也可以填补金属化孔内焊锡的不足,有桥接的焊点可以立即得到修复。同时由于焊点的熔化时间延长,原来那些带有气孔的焊点也能得到修复,因此热风刀可以使焊接缺陷大大降低。图 3-9 是热风刀的原理示意图。据报道,采用热风刀后,不良焊点率可以下降到 $(2\sim20)\times10^{-6}$,而适当的风压却不会破坏真正完好的无缺陷焊点。热风刀已在波峰焊中广泛使用。

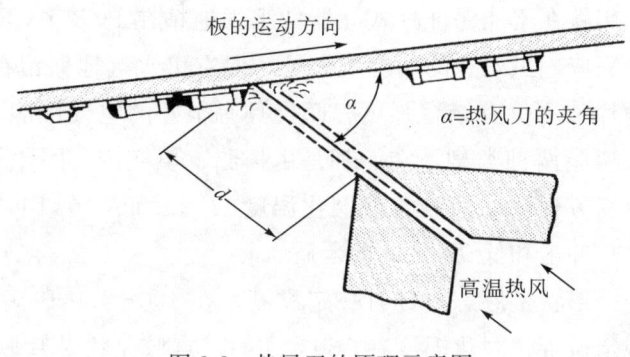

图 3-9 热风刀的原理示意图

3.3 再流焊技术

对于全部由表面组装元器件所组成的电路板,就无需对 PCB 钻插装孔,再流焊技术是直接将 IC 和表贴元件贴焊到 PCB 规定位置上的装联技术。其简要工艺流程如图 3-10 所示。

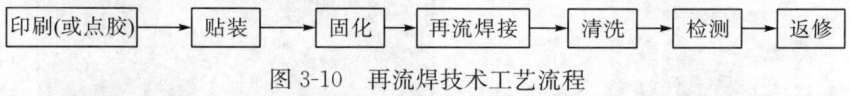

图 3-10 再流焊技术工艺流程

其中,点胶和固化工艺主要针对双面全表面贴装工艺,为防止二次再流焊时 PCB 背面的元件因焊膏再次熔化而脱落,故将贴片胶滴到 PCB 上将元器件固定。

3.3.1 点胶技术

表面组装技术有两类典型的工艺流程,一类是焊膏——再流焊工艺,另一类是贴片胶——波峰焊工艺。后者是将片式元器件采用贴片胶粘在 PCB 表面,并在 PCB 另一个面插装通孔元件(也可以贴放片式元件),然后通过波峰焊就能顺利地完成装接工作。这种工艺通常又称为混装工艺，既可以利用片式元件小型化的优点，又可以利用通孔元件价廉的优点，不过无法实现"无引线化"。整个波峰焊技术工艺流程如图3-11所示。

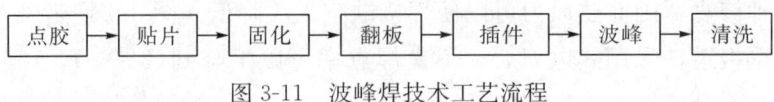

图3-11 波峰焊技术工艺流程

贴片胶的作用就在于能保证片式元器件牢固地粘在PCB上，在焊接时不会脱落，一旦焊接完成，虽然它的功能失去了，但它仍永远地保留在PCB上。显而易见，这种贴片胶不仅有结合强度，而且具有很好的电气性能。贴片胶有环氧树脂和丙烯酸树脂两种类型，它们都是由树脂、填充剂、固化剂等所组成的混合物。为了返修方便，贴片胶的玻璃化温度（T_g）较低，在100℃左右，因此要兼顾波峰焊的热冲击和低 T_g 之间的矛盾。

贴片胶的初始形状是液态，具有一定黏度，在100~150 Pa·s 之间，通过点胶机分布到规定位置，固化温度在130℃左右。点胶是将贴片胶装在针管中，把针管安装在点胶机上，点胶机由计算机控制，可自动地将胶液分配到PCB的指定位置，并且可以控制点胶量。这种方法灵活、调整方便，产品更换方便，适合大规模生产时使用。图3-12是点胶机的原理图以及元件的点胶位置示意图，点胶位置要求不能对焊接造成影响，胶量尽量少，能够粘住元件即可。

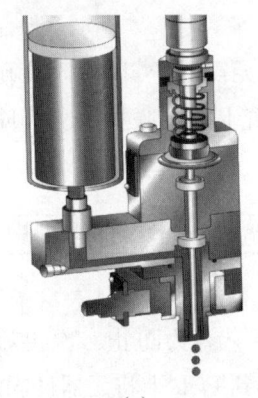

(a) (b)

图3-12 点胶机原理图及元件的点胶位置示意图

3.3.2 贴片工艺

贴片工艺是指用一定的方式将片式元器件准确地贴放在PCB的指定位置的过程，它包括拾取、定位和放置三个动作。

精度、速度和适应性是贴装机的三个重要技术特征。精度是指元件拾放头的定位精度，即元器件的实际放置位置与电路设计的元件位置之间的差距，差距越小精度越好；速度是元器件的贴片速度，决定了组装的效率；适应性决定贴装机能贴装的元器件类型和所能满足的各种贴装要求。目前的贴片机在上述三项性能上都有很高的指标。

一般来说，贴片的精度应包含以下三个指标：贴装精度、分辨率、重复精度。贴装精度是在一块 PCB 上贴装的元器件实际放置位置与电路设计的元件位置之间的差距。分辨率是拾放头运动的最小长度，即拾放头运行的最小增量。重复精度是对多个 PCB 进行贴装后的定位精度，是指拾放头重复返回起始点（坐标原点）后，再进行贴装的位置精度。重复精度、分辨率和贴装精度之间有一定的关联。

3.3.3 焊膏印刷

焊膏是将焊料粉末与具有助焊功能的糊状助焊剂混合而成的一种浆料，通常焊料粉末占 90% 左右，其余是有机化学成分。焊料粉末是由焊料合金熔化后，采用高压惰性气体喷雾或超声雾化法制成，然后过筛就可以得到不同粒度的焊料粉。焊料合金主要分为铅锡合金和无铅合金，无铅焊膏应用普遍，铅锡焊膏只适用于某些特殊要求场合。焊料粉的粒度、形态等对焊膏的质量有举足轻重的影响。粉末的形状以球状最佳，它具有良好的印刷性而不会出现堵塞孔眼的现象，粒度一般控制在 $25\sim45~\mu m$，过粗的粉末（$>70~\mu m$）会导致焊膏黏结性能变差，随着细间距 QFP 焊接的需要，现在越来越多地使用 $20~\mu m$ 以下的合金粉末。生产中应选用合适粒径的焊膏，粒度细的焊膏印刷性能佳，但焊料粉粒度越细，表面氧化越明显，氧含量会随之提高，带来焊接缺陷的概率增大。对于焊料粉末的氧含量，一般要求不超过 100×10^{-6}，否则会引起焊接过程中的"飞珠"现象。

1. 焊锡膏的分类和组成

以下是几种常见的焊膏：

1）松香型焊膏

自焊膏问世以来，松香一直是其中助焊剂的主要成分，即使是免清洗焊膏，助焊剂中也使用松香，这是因为松香有很多优点。松香具有优良的助焊性，并且焊接后其残留物成膜性好，对焊点有保护作用，有时即使不清洗，也不会出现腐蚀现象。特别是松香具有增黏作用，使焊膏能黏附片式元件，不易产生移位现象。此外松香易与其他成分混合起到调节黏度的作用，故焊膏中的金属粉末不易沉淀和分层。

2）水溶性焊膏

松香型焊膏在使用后需要用清洗剂清洗，以去除松香残留物。传统的清洗剂是氟利昂(CFC-113)。随着环保意识的提高，人们发现氟氯烃类物质有破坏大气臭氧层的危害，已被限制使用，水溶性焊膏正是为适应环保的需要而研制的焊膏新品种。

水溶性焊膏在组成结构上同松香型焊膏类似，只是以其他的活化剂取代了松香，在焊接后可以直接用纯水进行冲洗，去掉焊后的残留物。虽然水溶性焊膏已面世多年，但由于糊状焊剂中未使用松香，焊膏的黏结性能受到一定的限制，易出现黏结力不够大的问题，故水溶性焊膏尚未能全面推广。

3）免清洗低残留物焊膏

免清洗低残留物焊膏也是为适应环保需要而开发出来的，顾名思义，它在焊接后不再需要清洗。但其实它在焊接后仍具有一定量的残留物，且残留物主要集中在焊点区。

免清洗低残留物焊膏的特点，一是活性剂不再使用卤素，二是减少松香部分用量，增加其他有机物质用量。实践表明，松香用量的减少是相当有限的，这是因为一旦松香用量低到一定程度，必然导致助焊剂活性降低，对防止焊接点二次氧化的作用也会降低。

因此要想达到免清洗的目的，通常要求在使用免清洗低残留物焊膏时，采用氮气保护再流焊。采用氮气保护焊接可以有效增强焊膏的润湿作用，防止焊接区的二次氧化。此外，在氮气保护下，焊膏的残留物挥发速度与在常态下相比明显加快，减少了残留物的数量。

在使用免清洗低残留物焊膏时应对它的性能做全面、严格的测试，确保焊接后对印制板组件的电气性能不会带来负面影响。在用于高等级的电子产品中时，即使采用免清洗焊膏，通常还是应该清洗，以真正保证产品的可靠性。

在以上焊膏组成中，除了焊料颗粒以外，就是助焊剂了，以上也是按助焊剂的不同来分类的。助焊剂是净化焊接表面、提高润湿性、防止焊料氧化、确保焊膏质量以及优良工艺性的关键材料。助焊剂的组成对焊膏的扩展性、润湿性、坍落度、黏性变化、清洗性、焊珠飞溅及储存寿命均有较大的影响。助焊剂通常含有一定量的松香或其他树脂，它能起到增黏作用，防止表贴元件在移动过程中位置发生改变，在焊接过程中也起到成膜作用，防止焊料的二次氧化。除此而外，焊膏中还包含以下主要成分。

(1)活化剂。用于加入焊剂中来除去焊接件表面的氧化物。活化剂多为酸或卤化物。在高活性的焊剂中是用盐酸、溴化氢酸、磷酸或联氨卤化盐做活化剂；在中等活性的焊剂中多用羧酸或二羧酸做活化剂。有些用油酸或硬脂酸做活化剂。活化剂还包括酰胺和溴化物调和剂，各种有机酸及松香的金属脂肪酸盐等。为了减少焊接件表面的污染，要求尽量少用含有氯化物的活化剂。

(2)溶剂。用于波浪焊接的液体焊剂，要用溶剂来调节黏度，保证焊剂被均匀地涂抹在焊接件表面，但熔剂必须是高挥发性的，以便在预热焊接件时完全挥发掉。未挥发的溶剂在接触热的焊锡波浪时会造成焊锡溅射。常用的溶剂是甘油、乙醇类、萜烯碳氢化合物等。

此外，助焊剂中含有触变剂、界面活性剂和消光剂。触变剂使焊膏具有假塑性流体性质，即触变性，随着所受外力的增加，焊膏的黏度迅速下降，但下降到一定程度后又开始稳定下来。这种性质在印刷焊膏时是非常有用的，即焊膏在印刷时，受到刮刀的推力作用，其黏度下降，当到达模板窗口时，黏度达到最低，故能顺利通过窗口沉降到 PCB 焊盘上。随着外力的停止和消失，焊膏停止运动，黏度回复到一个较低数值，在数秒后达到初始黏度，恢复原始状态。这样就能保证焊膏印刷后图形的分辨率，不会出现印刷图形的塌落和漫流，得到良好的印刷效果，如图 3-13 所示*。

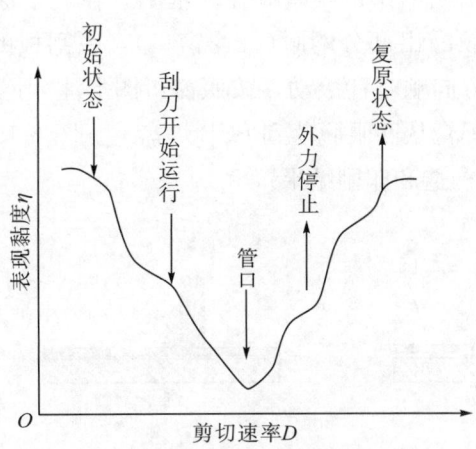

图 3-13　焊膏印刷时的黏度变化规律

---

* 张文典. 实用表面组装技术(第 2 版). 北京：电子工业出版社，2006：224.

2. 焊膏的印刷

以一定角度倾斜的刮板在外力作用下推动焊膏沿漏板前行,由于焊膏与漏板之间存在摩擦力。该摩擦力与焊膏移动方向相反,焊膏在二合力的作用下产生旋转,人们称之为滚动现象,如图 3-14 所示。一旦发生滚动现象,焊膏在刮刀的前部受到挤压,同时由于焊膏本身具有触变性,在外力的作用下,焊膏黏度迅速降低,当遇到窗口时,该压力就会将焊膏压入其中。

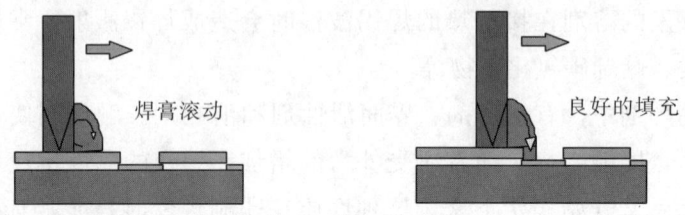

图 3-14　焊膏的运动方式

焊膏的印刷主要有非接触印刷和接触印刷两种方式,非接触印刷常指丝网漏印和柔性金属模板漏印,接触印刷则指模板漏印。

1. 丝网漏印

丝网漏印是将尼龙或不锈钢网紧绷在网框上,在其上涂覆光刻胶,通过曝光焊盘位置去除光刻胶露出部分网眼(称为窗口),在刮板的压力作用下,焊膏在丝网上沿刮板前进方向顺时针滚动,按照窗口图形注入网眼,粘在 PCB 焊盘位置。丝网脱开时,焊膏从网眼脱落到 PCB 焊盘上。图 3-15 显示了丝网印刷的过程,图 3-16 是丝网构造和印刷结果。

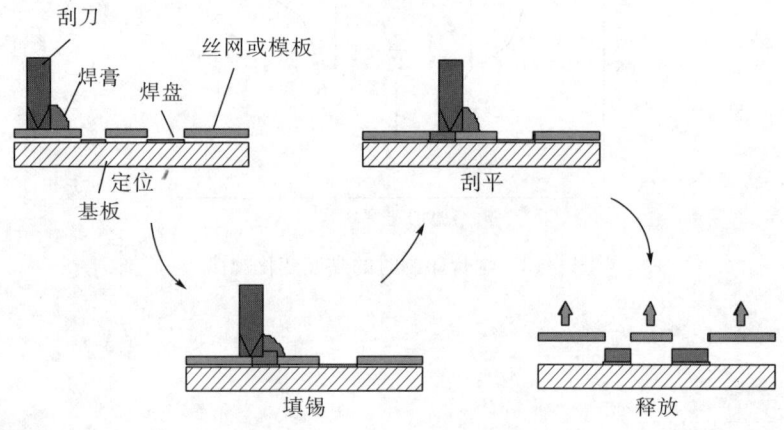

图 3-15　丝网印刷的过程

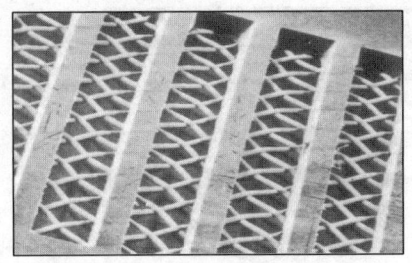
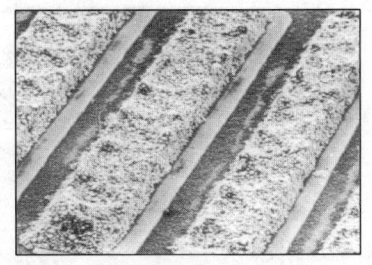

(a)丝网结构　　　　　　　　　(b)印刷结果

图 3-16　丝网构造和印刷结果

由于在印刷前后,丝网与 PCB 之间有一小段距离(印刷间隔),在刮板压力作用下,丝网产生弹力变形,二者有短暂接触而完成印刷,所以称为非接触印刷。丝网印刷的分辨率和厚度受光刻胶厚度、网眼密度、印刷间隔、刮板压力等因素的影响,它们会降低印刷的可靠性,不适合细引脚间距印刷。这是因为细引脚间距为了避免引脚桥接,要求精度更高、网眼更细,而黏性焊膏有较大的表面张力,靠刮板的压力可能无法穿过网眼,就会出现漏印,进而影响印刷质量;另外,由于网眼太细,焊膏易阻塞坍塌,若清洗不尽,印刷效果会较差。

尼龙或不锈钢丝网是通过粘胶绷紧在网框上,如果丝网的张紧力不均匀,在多次印刷后会出现"窗口"变形等问题,也影响印刷效果。

2. 模板漏印

模板漏印属直接印刷技术,它是用金属模板代替丝网印刷机中的网板。所谓金属模板漏印,是在一块金属片上,用化学方式蚀刻出漏孔或用激光刻板机刻出漏孔。全金属漏板漏印,是将金属片直接固定在框架上,它不能承受张力,必须要把漏板放在 PCB 上才能印刷,属于接触印刷。焊膏的厚度由金属片的厚度确定,一般比丝网印刷的厚。制作模板的材料主要有不锈钢和黄铜。

模板漏印是一种直接印刷技术,金属漏板提供了较强的基体,具有优良的尺寸稳定性和耐磨性,开孔不会堵塞,并易于清洗。适合高质量要求的细间距印刷。图 3-17 是模板印刷的方式,图 3-18 是模板构造和印刷结果。从图 3-16、图 3-18 的印刷结果可以看出,模板印刷的质量高于丝网印刷。这是因为丝网漏印图形边沿的网眼被光刻胶挡住了一部分,网眼成为锯齿形,面积变小,而焊膏有较大的表面张力,靠刮板的压力可能无法穿过这些网眼,造成漏印,因此边缘不整齐,每个焊盘上的焊膏量也会不一致;在模板印刷中就不会出现这种情况。因此模板印刷适用于细引脚间距印刷。

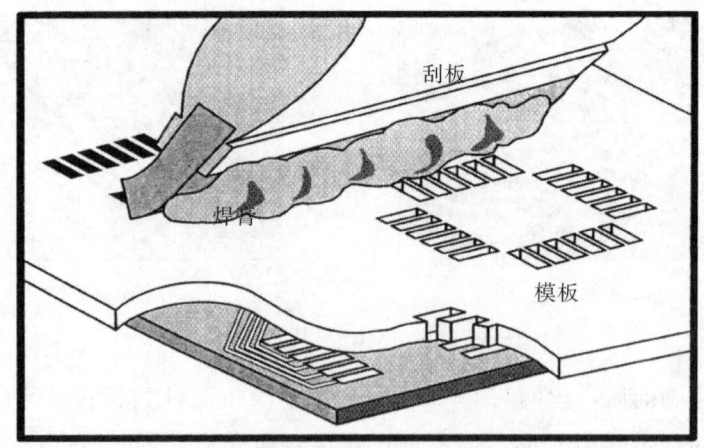

图 3-17 模板印刷的方式

(a)模板构造

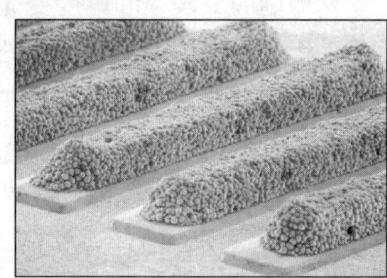
(b)印刷结果

图 3-18 模板构造和印刷结果

3.3.4 再流焊

焊接是使焊料合金和要结合的金属表面之间形成合金层的一种连接技术。表面贴装采用软钎焊技术，将表贴元件焊接到 PCB 的焊盘上，使元器件与 PCB 电路之间建立可靠的电气和机械连接，从而实现具有一定可靠性的电路功能。

3.3.4.1 再流焊的分类

SMT 中的软钎焊技术主要有波峰焊和再流焊(reflow soldering)。一般情况下，波峰焊接用于混合组装方式，再流焊接用于全表面组装方式。再流焊(亦称回流焊)是预先在 PCB 焊盘上涂覆焊料，然后贴放表面组装元器件，经固化后，再利用外部热源使焊料再次流动达到焊接目的的一种焊接工艺。再流焊技术能完全满足各类表面组装元器件对焊接的要求，因为它能根据不同的加热方法使焊料再流，实现可靠的焊接连接，当前不良焊点率已小于 10×10^{-6}。按照加热方式不同，再流焊通常分为三大类，即热风红外再流焊、汽相再流焊和激光再流焊。其中，热风红外再流焊、汽相再流焊属于整体再流焊，对整个 PCB 进行加热；激光再流焊属于局部再流焊，可以用于 PCB 维修。

1. 红外再流焊

红外辐射加热法一般采用隧道加热炉，热源以红外辐射为主，适用于流水线大批量生产，设备成本较低，是较普遍的再流焊接方法。红外线加热有远红外线加热与近红外线加热两种，这是根据红外线的波长来区分，一般前者多用于预热，后者多用于再流加热。整个加热炉分成几段温区分别进行温度控制。再流区温度一般为 230~240℃，时间为 5~10 s，见图 3-19。红外再流焊接有以下优点：可采用不同成分或不同熔点的焊膏；波长范围为 1~5 μm 的红外线能使有机酸以及溶剂中其他活性剂离子化，提高了焊剂的润湿性，显著改进了焊接能力；红外线能量渗透到焊膏内，使溶剂逐渐挥发，不会引起焊料飞溅；与气相再流焊接相比，红外再流焊接加热温度和速度可调范围宽，且加热速度较均匀，元器件所受热冲击更小，在红外加热条件下，元器件引脚和 PCB 温度的上升较一致，大大减少了虚焊等现象的产生；热效率高、成本低，可采用惰性气体保护焊接。

但是红外再流焊接也存在一些缺点，如元器件的形状和表面颜色不同时红外线吸收系数不同，因屏蔽效应和散热效应的产生，会导致被焊件受热不均匀甚至造成元器件受热损坏。为了克服红外再流焊的缺点，又发展了红外热风再流焊相结合的方式（图 3-20）。

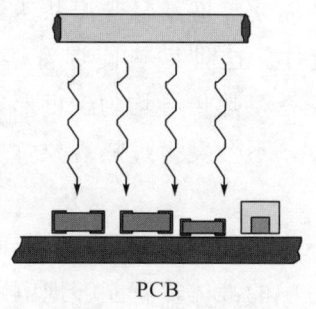

图 3-19 红外再流焊

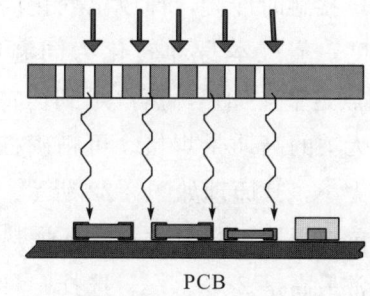

图 3-20 热风再流焊

2. 热风再流焊与红外热风再流焊

如图 3-20，热风再流焊是利用加热器与风扇，以预先加热的热空气作热源，利用其循环完成钎焊过程。在再流区内还可分成若干个温区，分别进行温度控制,以获得合适的温度曲线。必要时可向炉中充氮气,以减少焊接过程中的氧化作用。热风再流焊接是以强制循环流动的热空气或氮气来加热的再流焊方式,因气流量大,易产生氧化,一般不单独使用。

热风红外再流焊接是混合采用红外辐射和热风循环对流的方式进行加热。该方式具有很多优点:焊接温度-时间曲线的可调性大大增强,缩小了设定的温度曲线与实际控制温度之间的差异,使再流焊能有效地按设定的温度曲线进行;温度均匀、稳定,能克服吸热差异及屏蔽效应等不良现象;基板表面和元器件之间温差小,不同的元器件都可在均匀的温度下进行再流焊,可用于高密度组装;具有很高的生产能力和较低的运行成本。因此,热风红外再流焊接成为 SMT 大批量生产中的主要焊接方式。红外热风再流焊中各阶段的典型温度曲线见图 3-21。可以看出,在使用铅锡焊料的情况下,焊接温度在 225℃±5℃。

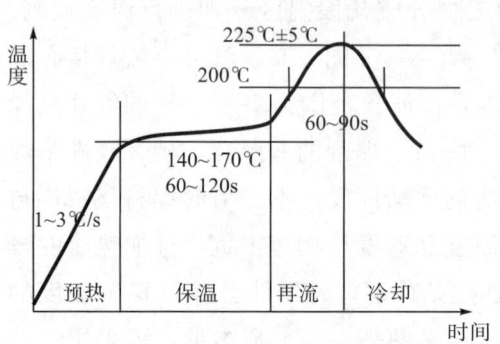

图 3-21 SMT 的典型温度曲线

3. 汽相再流焊

汽相再流焊(vapor phase soldering,VPS)是利用加热惰性的高沸点的液体作为转换介质,待焊接的 PCB 放置在充满饱和蒸汽的氛围中,蒸汽在与 SMC/SMD 接触时冷凝,释放出气化潜热,从而使工件本身升温并达到焊接所需要的温度,蒸汽本身却转化为同温度的流体。这种潜热使焊膏熔融再流。VPS 的特点是整体加热,蒸汽可到达每一个角落,热传导均匀,可形成与产品几何形状无关的高质量焊接。可精确控制温度,不会发生过热现象,加热时间短,热应力小,其原理如图 3-22 所示。

由于传热很快,必须注意保证加热速度不能超过焊膏和元件供应商推荐的温度,通常最高是 2~3℃/s。选择一种沸点适中的液体,就能够把电路板和元件的最高温度控制在很小的温差(ΔT)范围内。VPS 工艺的优点就是 ΔT 小,特别是对于无铅焊接,它的工艺窗口一般较窄。VPS 也可以避免出现元件过度加热的风险,因为印刷电路板和元件的温度不会超过所选择的焊液的沸点。最后,因为在焊接工艺中使用的液体不会发生化学反应,也就不需要再用惰性氛围来焊接了。

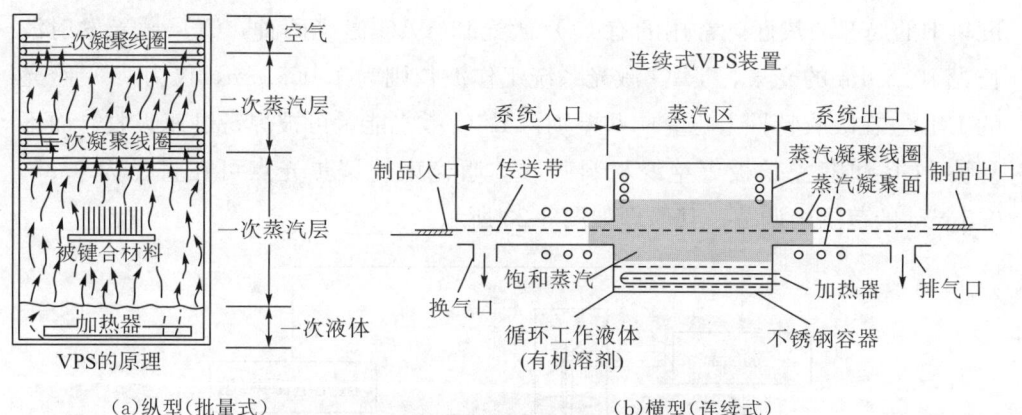

(a) 纵型（批量式）　　　　　　　　（b) 横型（连续式）

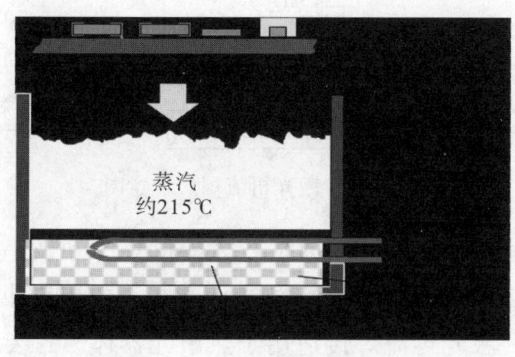

(c) VPS 示意图

图 3-22　VPS 原理及示意图

由于以上特点，VPS 作为一种重要的焊接手段，可用于高可靠性要求场合下的焊接，如航天、军工电子系统的 SMT 焊接。

早期用于 VPS 的材料是 1975 年美国 3M 公司推出的全氟化液体 FC-70，化学名称是全氟三胺，具有较高的化学稳定性和优良的焊接工艺性，曾是 VPS 中的首选热转化介质，沸点范围为 213～220℃。

尽管 FC-70 有较高的热稳定性和化学稳定性，但在长时间的高温下，还是会发生少量分解，生成氢氟酸（HF）以及各种多氟烯类物质，这些对人体和大气臭氧层都有损害。因而尽管 VPS 是一种较理想的再流焊方式，其应用范围还是受到了限制。

5. 激光再流焊接

激光再流焊接是利用激光束优良的方向性和高功率密度的特点，通过光学系统将激光束聚集在很小的区域，在很短的时间内，使被焊处形成一个能量高度集中的局部加热区。常用的有 CO_2 激光和 YAG 激光两种，CO_2 激光发射波长为 10.6 μm 的光束，YAG 激光系统工作波长则为 1.065 μm，仅为 CO_2 激光的 1/10。在吸收特性上也有一些差别，YAG 激光能量可被焊膏迅速吸收，而不易被 PCB 和陶瓷基板等绝缘材料吸收。激光束的聚焦光点可在直径为 0.3～0.5 mm 的范围内调节，其原理如图 3-23 所示。

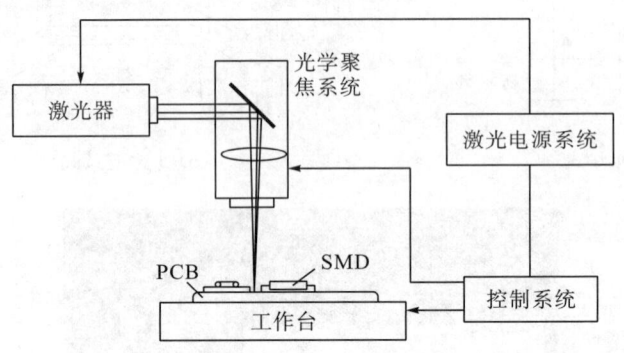

图 3-23 激光再流焊接示意图

激光再流焊接能在很短的时间内把较大能量集中到极小表面，加热过程高度局部化，不产生热应力，热敏感性强的元器件不会受热冲击，同时还能细化焊接接头的晶粒度。激光再流焊接适用于热敏元器体、封装组件及贵重基板的焊接。

激光再流焊接有显著的优点：局部加热时对 PCB、元器体本身及周边的元器件影响小，焊点形成速度快，能减少金属间化合物，有利于形成高韧性、低脆性的焊点，在多点同时焊接时，可使 PCB 固定而移动激光束进行焊接，易于实现自动化。激光再流焊接的缺点是初始投资大，维护成本高，且生产速度较低。这是一种新发展的再流焊接技术，它可以作为其他方法的补充，但不可能取代其他焊接方法。

3.3.4.2 再流焊中的常见缺陷

再流焊中由于元器件、焊料和工艺的原因，会产生各种缺陷，对表面组装造成极大影响，主要有元器件立碑、锡珠、印制板阻焊膜及 PCB 基板起泡、芯吸，片式元器件开裂，PCB 板扭曲、桥连，IC 引脚焊接后开路/虚焊等。在此只讨论主要的缺陷及其解决方法。

1. 立碑

再流焊中，片式元器件会出现立起的现象，称为立碑，又称为曼哈顿现象。立碑现象产生的根本原因是焊料对元件两边的润湿力不一致，因而元件两端的力矩不平衡，当力矩之差大于元件自身产生的重力矩的时候，元件就被拉起来了，如图3-24所示。因此，元器件的体积和质量越小，自身的重力矩也越小，立碑出现的可能性越大。

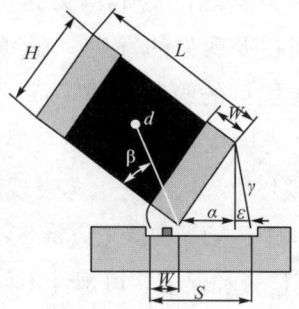

(a) 立碑现象　　　　　　　(b) 增加了熔融时焊膏粘性力影响的摹墓碑模型

图 3-24　电阻的立碑现象

立碑现象产生的原因主要有以下几个：

1) 有缺陷的元件排列方向设计。设想在再流焊炉中有一条横跨炉子宽度的再流焊限线，一旦焊膏通过它就会立即熔化。片式矩形元件的一个端头先通过再流焊限线，焊膏先熔化，完全浸润元件的金属表面，具有液态表面张力；而另一端未达到183℃液相温度，焊膏未熔化，只有焊剂的粘接力，该力远小于再流焊焊膏的表面张力，因而使未熔化端的元件端头向上直立。因此，保持元件两端同时进入再流焊限线，使两端焊盘上的焊膏同时熔化，形成均衡的液态表面张力，可以保持元件位置不变。

2) 焊膏的活性不高或元器件的焊盘沾污。这些因素导致焊膏熔化后，两个焊盘的表面张力不一样。两焊盘的焊膏印刷量不均匀，多的一边因焊膏吸热量多，熔化时间滞后，以致润湿力不均匀。解决办法是选用活性较高的焊膏，改善焊膏的印刷参数，保持元件焊盘清洁。

3) 焊盘设计质量的影响。若片式元件的一对焊盘大小不同或不对称，也会引起漏印的焊膏量不一致，小焊盘对温度响应快，其上的焊膏易熔化，大焊盘则相反，所以，当小焊盘上的焊膏熔化后，在焊膏表面张力作用下，元件被拉直竖起。若焊盘的宽度或间隙过大,也可能出现立碑现象。严格按标准规范进行焊盘设计是解决该缺陷的先决条件。

2. 芯吸现象

芯吸现象又称抽芯现象,是常见的焊接缺陷之一,多见于 VPS 中。芯吸现象是焊料脱离焊盘而沿引脚上行到引脚与芯片本体之间,通常会形成严重的虚焊现象。产生的原因通常是元件引脚的热导率大,故升温迅速,以致焊料优先润湿引脚,焊料与引脚之间的润湿力远大于焊料与焊盘之间的润湿力,此外,引脚的上翘会加剧芯吸现象的发生。在红外再流焊中,PCB 基材与焊料中的有机助焊剂是红外线优良的吸收介质,而引脚却能部分反射红外线。因此,红外再流焊中,焊料优先熔化并与焊盘的润湿力就会大于焊料与引脚之间的润湿力,故焊料不会沿引脚上升,从而发生芯吸现象的概率就小得多。

解决办法是,对于 VPS,首先应将 SMA 充分预热后再放入汽相炉中;PCB 焊盘的可焊性应认真检查和保证,可焊性不好的 PCB 不应用于生产;元件引脚的共面性不可忽视,共面性不良的器件不应用于生产。图 3-25 是芯吸现象的示意图。

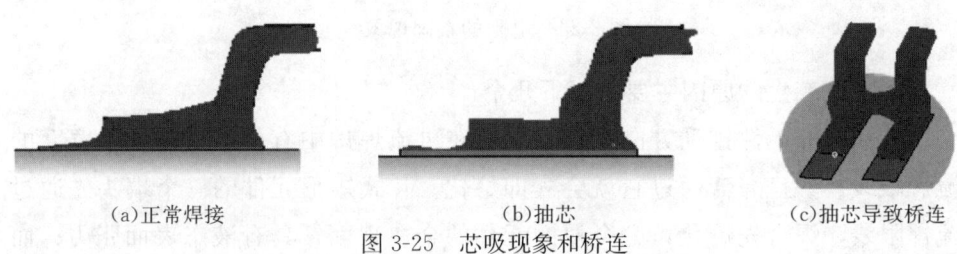

(a) 正常焊接　　　　　(b) 抽芯　　　　　(c) 抽芯导致桥连

图 3-25　芯吸现象和桥连

3. 桥连

桥连是 IC 的相邻引脚之间焊锡搭在一起,引起短路,图 3-25 是芯吸后产生的桥连。导致细间距元器件引脚桥连缺陷的主要因素有:

(1) 漏印的焊膏成型不佳。焊膏黏度低,预热后漫流到焊盘外;焊膏印刷时间过久,导致金属含量偏高,引起 IC 引脚桥连。在调整焊膏的黏度后可以解决。

(2) 印制板上有缺陷的细间距引线制作。焊膏印刷的重复精度差,对位不齐,印刷到了 PCB 的焊盘外;PCB 的焊盘上锡镀层不均匀,导致有的引脚焊锡总量偏多。

(3) 不恰当的回流焊温度曲线设置。预热阶段升温速度过快,溶剂挥发不完全，焊膏流淌。

(4)贴放因素。贴放压力过大，焊膏受压后漫流到焊盘以外，造成相邻引脚焊膏连接，应调整 Z 轴高度；贴片精度差，引脚搭在相邻焊盘之间。

因而，应从模板的制作、丝印工艺、回流焊工艺等关键工序的质量控制入手，尽可能避免桥连隐患。

4. IC 引脚开路/虚焊

(1)引脚共面性差。由于保管不当，造成引脚翘曲，贴放后接触不到焊膏，造成开路。因此在焊接前不要随便打开包装。

(2)引脚可焊性不好。IC 存放时间过长，引脚发黄，氧化厉害，焊接时清除不到位，造成虚焊。

(3)预热温度过高，引脚氧化，造成虚焊。

3.3.5 清洗

通常 SMT 在焊接后，其板面总是存在不同程度的助焊剂残留物以及其他类型的污染物，如堵孔胶、高温胶带的残留胶、手迹、灰尘等，即使使用低固含量的免清洗助焊剂，仍会有或多或少的残留物。而对高可靠性保障的电子产品，为了确保其可靠性，依然需要对其清洗，因此清洗对保证电子产品的可靠性有着极其重要的作用。

从松香的化学结构看，其母体是含有 20 个碳原子的双萜，并含有一个羧酸基团—COOH 和两个不饱和的双键 —HC=CH— 。在高温下，特别是在无机酸 H^+ 及氧化的环境下会出现复杂的化学反应，一方面，羧酸与金属锡、铜结合形成松香酸盐，另一方面，含有不饱和双键的松香在外来活性自由基的激发下会生成去氧松香以及聚合松香，这也是一种难以清洗的污染物。工程技术上要求表面组装完成焊接后立即进行清洗，可以有效地防止聚合松香给清洗工作带来的难度。此外，在焊膏的助焊剂中还含有了许多触变剂，它们在高温酸性环境下又会与松香发生复杂的化学反应，大大增加清洗的难度。

清洗方法包括溶剂清洗、半水清洗和水清洗技术。

1. 溶剂清洗

用溶剂清洗污染物是最早采用的方法之一，只要选择适合的溶剂，并借助超声波、喷淋及温度的作用，就可以不断地溶解污染物，直到全部脱离 PCB。

早期使用的溶剂是氯氟烃化合物三氯三氟乙烷(CFC-113)，具有脱脂效率高、对焊剂残渣溶解力强、易挥发、无毒、不燃不爆、对电子元件和 PCB 无腐蚀、性能稳定等优点。多年来，CFC 一直是清洗 SMA 的理想溶剂，其分子式为

$$\mathrm{Cl-\underset{\underset{F}{|}}{\overset{\overset{F}{|}}{C}}-\underset{\underset{Cl}{|}}{\overset{\overset{Cl}{|}}{C}}-F}$$

但是近年来，人们发现 CFC 对大气臭氧层有破坏作用，严重危害到人类的生存环境，目前已禁止使用。CFC 破坏臭氧层的机理是由于氯氟烃类化合物密度相对较大，在大气中，Cl—C—键稳定，故 CFC 在大气层中寿命长，当到达大气层的平流层时受到紫外线辐照，Cl—C—键断开，释放出氯原子，自由的氯原子和臭氧分子(O_3)反应形成氯的氧化物，其生成物又会重新分解释放 Cl 再重复上述过程。这个过程可以用下列分子式来描述：

$$Cl^- + O_3 \longrightarrow ClO + O_2$$
$$ClO + O \longrightarrow Cl^- + O_2$$
$$Cl^- + O_3 \longrightarrow ClO + O_2$$
……

研究表明，一个氯原子可以破坏数以千计的臭氧分子。这种类似连锁反应造成地球两极上空的臭氧层被严重破坏，以致出现空洞。目前，人们已经采用 CFC 的替代品来清洗 SMA。

(1) 改性 CFC。通过加氢的办法，取代了 CFC 中部分氯原子，使 CFC 破坏臭氧层的能力大大降低，这类溶剂有 HCFC-141b、HCFC-225Ca、HCFC-123、HCFC-225C6。

(2) 卤化碳氢化合物。这类溶剂是在三氯乙烯溶剂的基础上进行改进，增加稳定剂，它们能在大气层中自行分解，不会在大气中积累，也不会破坏臭氧层，并且是非温室效应气体。

(3) N-甲基-乙-毗咯烷酮(NMP)。NMP 是一种常用的低毒性、高闪点、低挥发性、去污能力强的有机溶剂，它可以与水和许多有机溶剂混合，在使用中可以单独使用也可以同其他溶剂并用，其废液不需特殊处理，特别适用于超声波处理。

(4) 乙二醇醚类溶剂。乙二醇醚类溶剂是纤类溶剂，有良好的清洗能力，在 SMA 中亦有良好的溶液效果。由于它的沸点高，故可以通过加热以增加清洗能力，但溶剂的成本高，因此限制了它的使用范围。此外它们能引起塑料和弹性体材料的膨胀和龟裂，在使用中应该注意。

2. 半水清洗

半水清洗属水清洗范畴，所不同的是清洗时加入了可分离型的溶剂。清洗过程中，溶剂与水形成乳化液，洗后待废液静止，可将溶剂从水中分离出来，回收后重复使用。

为了提高清洗效果，可将 SMA 浸没在萜烯溶剂中，外加超声波或者机械喷射方法机械清洗。由于萜烯等半水清洗溶剂对电路组件有轻微的副作用，所以溶剂清洗后必须用去离子水漂洗。在实际应用中，应根据需要选用不同的半水清洗溶剂和相应的工艺及设备，然而不论采用哪种清洗溶剂和工艺，废渣和废水的处理是半水清洗中的一个重要环节，要使排放物符合环保的要求。

3. 水清洗

水清洗技术是替代 CFC 清洗 SMA 的有效途径。常用的水清洗技术工艺流程有两种，一种是采用皂化剂的水溶液，在 $60 \sim 70^{\circ}\mathrm{C}$ 的温度下，皂化剂和松香型焊剂剩余物反应，形成可溶于水的脂肪酸盐（皂），然后用连续的水漂洗去除皂化反应产物；另一种是不采用皂化剂的水清洗工艺，用于清洗采用非松香型水溶性焊剂焊接的 PCB 组件。采用这种工艺时，常加入适当中和剂，以便更有效地去除可溶于水的焊剂剩余物和其他污染物。

目前，焊接工艺中经常采用松香型焊剂与焊膏，而松香的主要成分是松香酸，利用皂化法原理，即以水为溶剂，在皂化剂（一种氨类碱性溶液，pH 为 11 左右）作用下，把松香变成水溶性松香脂肪酸盐，如图 3-26 所示。

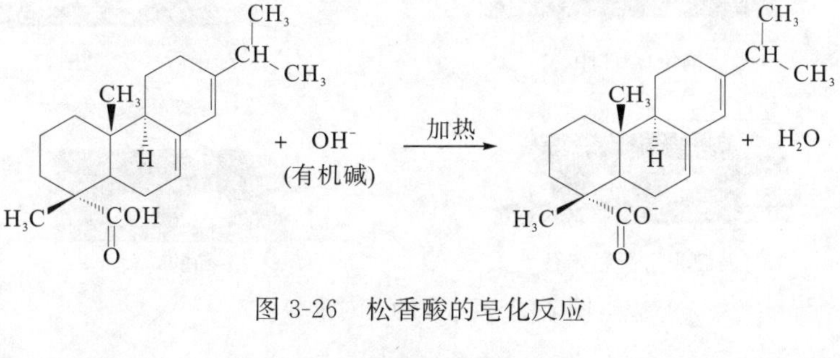

图 3-26 松香酸的皂化反应

在高压水的喷淋下，松香脂肪酸盐能方便地清除掉，最后用纯水清洗干净。皂化法水清洗的优点是系统适应性强，清除的污染物广泛并可以根据焊剂选择皂化剂；但不足之处是清洗效果不及 CFC，皂化剂及残渣会带来新的污染。此外，对非松香类的焊剂残留物，其清洗效果有时不太好，因此应注意皂化剂与焊剂的适应性。

3.4 BGA

20世纪80年代中后期至90年代,周边引出端型的IC(以QPF为代表)得到了很大的发展和广泛的应用。但由于组装工艺的限制,QFP的尺寸、引脚数目和引脚间距已达到了极限。为了适应I/O数的快速增长,由美国Motorola和日本Citigeo Watch公司共同开发的新型封装形式——BGA封装,于20世纪90年代初投入实际使用。

BGA的引脚成球形阵列状分布在封装的底面,因此它可以有较多的引脚且间距较大。通常,BGA的安装高度低、引脚间距大、引脚共面性好,这些都极大地改善了组装的工艺性;由于它的引脚更短,组装密度更高,因此电气性能更优越,特别适合在高频电路中使用。此外,BGA的散热性良好,适合大功率芯片的封装要求。

另外,BGA在进行再流焊时,由于参与焊接的焊料较多,熔融焊料的表面张力会产生一种独特的自对准效应,如图3-27所示,这与前述的倒装芯片的凸点一样。因此,BGA的组装成品率很高;而对BGA的安放精度,可允许有一定的偏差。因安放时看不见焊料球的对位,一般要在电路上做标记,安放时使BGA的外轮廓与标记对准。

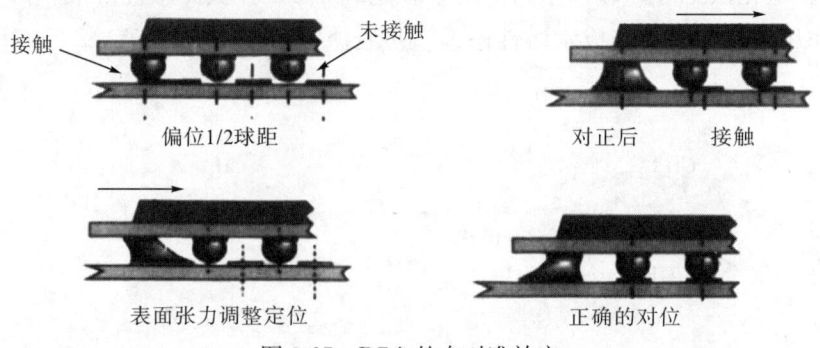

图 3-27 BGA 的自对准效应

BGA通常由芯片、基座、引脚和封壳组成,根据芯片的位置、引脚的排列、基座的材料和密封方式的不同,BGA的封装结构也不同。按芯片放置方式分类,分为芯片表面向上和向下两种;按密封方式分类,分为模制密封和浇注密封;从散热角度分类,分为热增强型、膜腔向下型和金属体BGA(MBGA);以基座材料不同，BGA 可分为 PBGA、CBGA、FCBGA、TBGA 这 4 种，以下将按照基座材料所分 4 种类型为例介绍 BGA 的结构和特点。

3.4.1 BGA 的种类

1. 塑封球栅阵列

塑封球栅阵列（plastic ball grid array，PBGA）封装是最普通的 BGA 封装类型，其结构如图 3-28 所示。PBGA 封装的载体是普通的印制板基材，如 FR-4、BT 树脂等。芯片通过 WB 的方式连接到多层载体的上表面，然后用塑料模压成形。在载体的下表面连接有铅锡或无铅的焊球阵列。焊球阵列在器件底面上可以呈完全分布或部分区域分布。焊球的尺寸在 0.46 mm 以上。

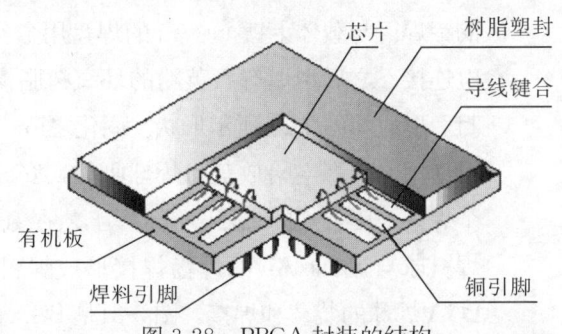

图 3-28　PBGA 封装的结构

图 3-29 是 PBGA 封装中的一种模式——OMPAC（模压树脂密封凸点阵列载体）的结构示意图。其制作过程如下：作为 OMPAC 载体的 PCB 材料是 BT 树脂/玻璃，BT 树脂/玻璃芯板被层压在两层 18 μm 厚的铜箔之间，然后钻通孔和镀通孔，通孔一般位于基板的四周；用常规的 PCB 工艺在基板的两面制作图形，光刻形成焊区和电路，如导带、电极以及安装焊料球的焊区阵列等；然后加上焊接掩膜并制作图形，露出电极和焊区，再在焊区位置的铜箔表面电镀 Ni/Au。

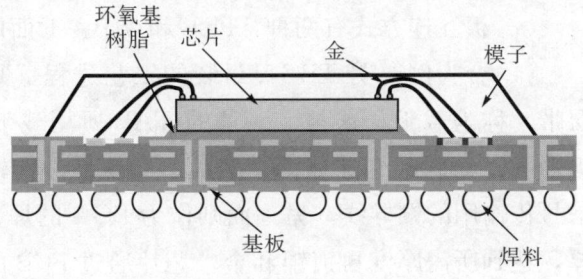

图 3-29　OMPAC 的结构示意图

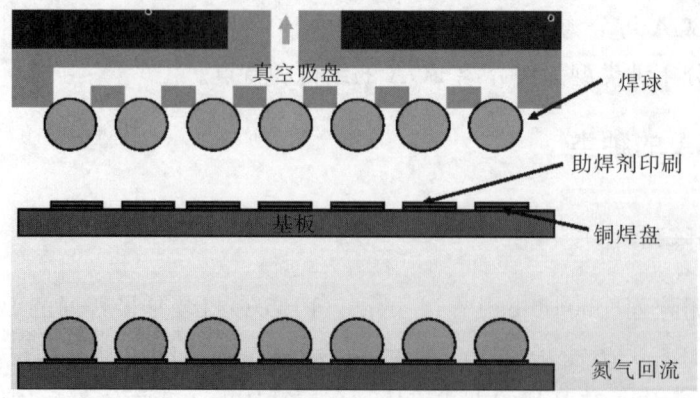

图 3-30　BGA 焊球的装载和焊接

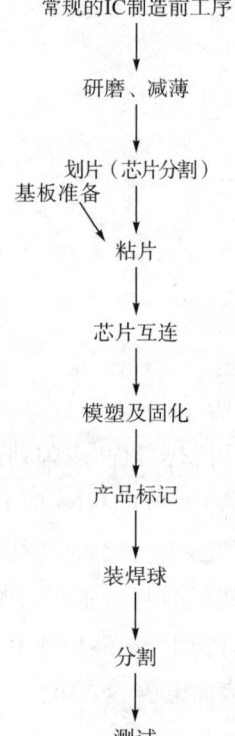

图 3-31　BGA 制作流程

载体制备完之后，首先用导电胶将裸芯片粘到镀有 Ni/Au 的铜箔上，粘接固化后用热声金丝球焊机将芯片上的铝焊区与载体上镀 Ni/Au 的焊盘用金丝键合的方式形成电连接。之后用填有石英粉的环氧树脂模压料进行模压塑封，形成如图 3-29 所示形状。固化之后，在底面印刷焊膏，再使用一个真空拾放盘将焊球吸住，安放到印有焊膏的各个焊盘，用常规的 SMT 再流焊工艺在氮气氛下进行焊接，焊料球与镀 Ni/Au 的焊盘焊接形成焊料凸点。图 3-30 是 BGA 焊球的装载和焊接，图 3-31 是 BGA 的制作流程。

PBGA 封装的优点为与 PCB 的热匹配性好，可以利用现有的 SMT 组装技术和原材料制造，整个封装的费用相对较低。PBGA 封装的缺点在于对湿气敏感，水汽容易渗入塑封体内，造成失效，因此不适宜在潮湿环境中使用。

2. 载带球栅阵列

载带球栅阵列(tape BGA，TBGA)封装的芯片与基板互连方式有两种：FCB 和 WB。下面以芯片倒装焊键合为例说明 TBGA 封装的工艺过程。TBGA 的载体是铜/PI/铜双金属层带，称为载带，这与上一章的 TAB 所用载带类似。先在 PI 上冲孔，之后电镀通孔，通孔起到连通两个表面、实现信号传输的作用；载带的上表面分布有信号传输用的铜导线，另一面则作为 BGA 的焊盘使用。在载带两面对铜电镀加厚，达到所需厚度再镀镍和金。芯片通过 FCB 的方式键合在双层布线柔性载带上,整个过程与芯片 TAB 的 ILB 相同。

用作 IC I/O 端的 BGA 阵列焊料球安装在柔性载带下面,焊球采用真空拾放技术连接到通孔焊盘上形成焊球阵列。当芯片与载体的连接完成后,对芯片进行包封以防止受到机械损伤。在倒装芯片的背面一般用导热胶粘在铜散热片(热沉)上,给封装体提供良好的散热特性,同时对封装体提供刚性和保证封装体的共面性。BGA 焊球的制作方法与 PBGA 类似,TBGA 的焊球组分为 90Pb10Sn,焊球直径约为 0.65 mm,典型的焊球阵列间距有 1.0 mm、1.27 mm、1.5 mm 三种,焊球与载体之间的组装采用的是 63Sn37Pb 共晶焊膏。最后用环氧树脂将电路芯片、引线、柔性载带焊盘包封(灌封或涂覆)起来。因为 TBGA 采用铜散热片,质量较大,如果选用共晶铅锡焊球,在 186℃ 完全融化,在封装的重压下熔融焊球会被压平,导致相邻的焊球接触短路。因此 TBGA 的焊球成分为 90Pb10Sn,熔化温度约为 300℃,保证了 63Sn37Pb 共晶焊膏在 186℃ 融化时整个结构的刚性。由此导致 BGA 自对准效应打了折扣,只具有部分自对准效应。图 3-32 所示为 TBGA 的基本结构。

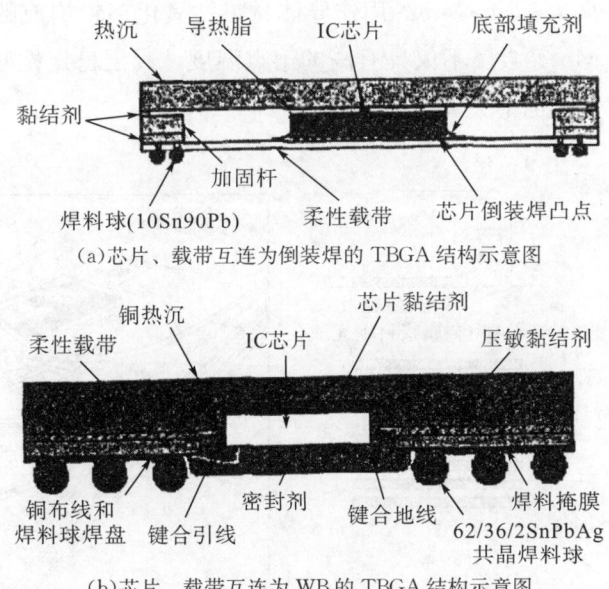

(a) 芯片、载带互连为倒装焊的 TBGA 结构示意图

(b) 芯片、载带互连为 WB 的 TBGA 结构示意图

图 3-32 TBGA 的基本结构

3. 陶瓷球栅阵列

陶瓷球栅阵列(ceramic BGA,CBGA)是在单层或多层的陶瓷载体上进行芯片键合,用环氧树脂等对芯片进行灌封,以提高可靠性和提供必要的机械防护,

然后在陶瓷载体的另一面做焊球,实现陶瓷封装。CPGA(ceramic pin grid array,陶瓷针栅阵列)、CCGA(ceramic column grid array,陶瓷柱栅阵列)是CBGA的不同形式,在此一并讲解。

CPGA 是陶瓷阵列封装中最先出现的形式,在 20 世纪 60 年代,IBM 就进行了这方面的研究。虽然塑封是目前的主要封装形式,但是在导热和可靠性要求高的场合,陶瓷封装仍然发挥着作用。只是陶瓷封装成本较高,主要用于高级微电子器件的封装,比如电脑中微处理器(CPU)的封装,以及军用电子模块的封装。下面首先简单介绍多层陶瓷基板的制作。

1) 多层共烧结陶瓷封装材料

多层共烧陶瓷基板是 CBGA 的主要载体,它由陶瓷生坯片组成,在生坯片表面通过丝网印刷导体浆料得到导体线路,然后叠压在一起烧结,生坯片成为绝缘陶瓷介质,导体浆料制成了导体线路。图 3-33 就是陶瓷共烧基板的制作流程。由多层陶瓷基板制作的芯片载体可按制作材料分为两大类,即高温共烧多层陶瓷基板(HTCC)和低温共烧多层陶瓷基板(LTCC)。在 HTCC 制作工艺中,是将高熔点金属如 W、Mo-Mn 等用作导体材料,氧化铝粉构成的膜片作为绝缘介质。因为 W、Mo 等金属不仅具有高的熔点温度,高温稳定性好,而且在高达 1500℃的烧结过程中也不会发生分解。

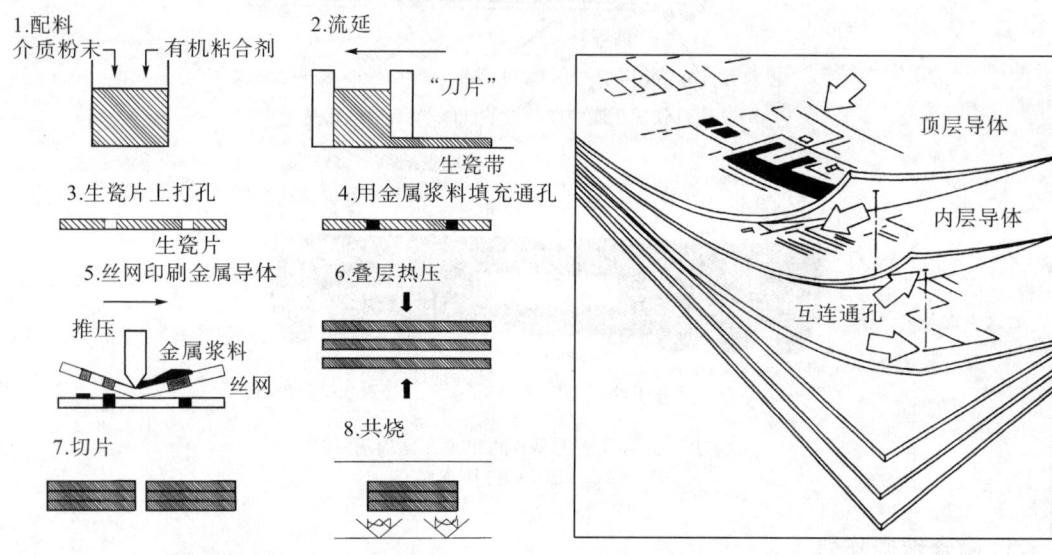

(a) 陶瓷共烧基板的制作流程　　　　(b) 陶瓷共烧基板的结构示意图

图 3-33　陶瓷共烧基板

用HTCC工艺生产共烧陶瓷时，其介质生瓷带是由Al_2O_3粉、少量玻璃及各种有机成分组成，采用流延工艺生产的。由料斗前面的刮刀控制粉浆的流延厚度，干燥后切割一定尺寸的生瓷片，形成互连通孔，再用丝网印刷工艺在生瓷片上印制导体图形。等全部生瓷片都经过上述加工后，再进行对准、叠片、层压。经层压后的生瓷片组件置于约1600℃高温下共烧。因此，只有W、Mo、Mn等难熔金属作导体材料才能经受如此高的烧结温度。烧结后的HTCC基板表面还要电镀镍和金，以便焊接。

LTCC多层基板是20世纪80年代中期出现的一种比较新的多层基板工艺。较之HTCC，LTCC具有许多优越性，LTCC是通过在氧化铝粉中添加玻璃实现降低烧结温度的，烧结温度在850℃左右。它的主要优点是烧结温度低，可使用电导率高的材料，如Au、Pd/Ag、Cu。LTCC的瓷料介电常数低，信号传输速度快，适用于高速数字电路和射频电路。

2) CBGA和CCGA

CBGA在导热和可靠性要求高的场合发挥着重要作用。但是陶瓷的CTE小于PCB，在温度变化时，PCB和陶瓷载体的CTE差异会产生剪切应力，使热循环中焊球剥离而导致失效。焊点失效的几率与陶瓷载体的尺寸有关，尺寸越大越严重。若尺寸大于32 mm×32 mm，则考虑对CBGA进行改进，比如借鉴flip chip的技术对CBGA进行下填充，或者采用CCGA。焊球材料为高温共晶焊料10Sn90Pb，焊球和封装体的连接需使用低温共晶焊料63Sn37Pb，其封装结构如图3-34所示，封装体尺寸为10～35 mm，标准的焊球节距为1.5 mm、1.27 mm、1.0 mm。

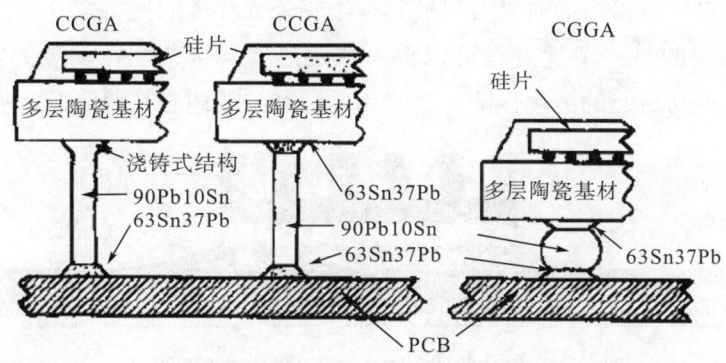

图3-34 CBGA和CCGA的结构比较

CCGA 优于 CBGA 之处在于它的焊料柱可以承受因 PCB 和陶瓷载体的 CTE 不同所产生的应力。试验表明,尺寸小于 44 mm×44 mm 的陶瓷载体,CCGA 均可满足工业标准的热循环试验规范。不足之处是组装过程中焊料柱比焊球易受机械损伤。

CCGA 的陶瓷载体的下表面连接的不是焊球而是 90Pb10Sn 的焊料柱,焊料柱阵列可以是完全分布或部分区域分布。常见的焊料柱直径约为 0.5 mm,柱阵列间距典型的为 1.27 mm,高度为 1.25~2.21 mm 不等,视需要而定。一般情况下,载体尺寸越大,焊料柱越高,越有利于抵消 CTE 差异的影响。CCGA 有两种形式,一种是焊料柱与陶瓷底部采用共晶焊料连接,另一种则采用浇铸式固定结构。

3) 芯片安装

CBGA 和 CCGA 封装可以用共烧氧化铝陶瓷和 LTCC 作基板,陶瓷的 CTE 与硅芯片的 CTE 非常相近,这就保证了各种芯片贴装和互连接的高度可靠性。

陶瓷球(柱)阵列封装 CBGA 和 CCGA 适用于各种芯片互连接技术以及各种芯片密封技术。芯片可以采用 WB 或 FCB 技术实现与陶瓷载体的焊接,陶瓷载体的焊盘上要电镀镍/金。在做芯片 FCB 时,芯片的焊锡凸点在软熔焊时熔融,对于 97Pb3Sn 的焊料凸点,软熔焊的温度为 350℃,同时要使用高温助焊剂,如树脂基的助焊剂。

陶瓷球(柱)阵列封装在利用芯片倒装技术时,要求采用下填充技术,用环氧树脂填充芯片与陶瓷基板之间的缝隙,环氧树脂充分包围各个倒装的凸焊点,同时将芯片和陶瓷基板之间胶黏在一起。这种芯片下填充工艺可以使芯片贴装连接的寿命提高数倍,同时又可以使芯片不受外界环境的侵害。

芯片倒装的另一个优点是可以将一个散热器直接贴装在倒装的芯片背面,从而大大地提高封装的散热性能。这时用的贴装胶要用导热树脂胶,见图 3-35。

图 3-35　倒装芯片与陶瓷基板的贴装(没有上盖)

散热器一定要在陶瓷芯片封装安装到母板上之后才能贴装到封装背面。这是因为芯片封装在母板上的安装是用表面安装技术,有软熔焊工序。如果芯片封装带着散热器就会增加封装的热质量，同时为安装工艺带来诸多卡具等方面的麻烦。

另一种封装结构是在芯片背面用焊锡等金属材料焊接一个可伐(Kovar)合金的盖，也可以将一个散热器用导热胶黏剂贴装在可伐合金盖上，来提高封装的散热性能，见图3-35。

按照可靠性的要求不同，陶瓷封装有两种形式，一种是陶瓷基板和芯片等采用环氧树脂包封，这种封装不耐潮湿和环境侵蚀，可靠性一般，其封装结构的横截面见图3-35；另外一种是陶瓷基板，芯片和元件等焊接在陶瓷基板上，再盖在金属外壳里，金属外壳与陶瓷基板之间采用无铅焊料等进行密封，这种封装密封性好，可靠性高，封装结构的横截面见图3-36。

图 3-36　倒装芯片与陶瓷基板的贴装(有上盖)

4) 焊球和焊柱的安装

在陶瓷基板的下表面，焊球阵列的分布有完全分布和部分分布两种形式，焊球尺寸通常为 0.89 mm 左右，间距常见的有 1.0 mm 和 1.27 mm。因为陶瓷基板的质量较大，如果选用共晶铅锡焊球，在 186℃ 完全融化，在陶瓷基板的重压下熔融焊球会被压平，导致相邻的焊球接触短路。因此 CBGA 的焊球成分为 90Pb10Sn，熔化温度约为 300℃。在 220℃ 的表面组装温度下再流焊，焊球不熔化，而是采用在陶瓷基板的焊盘位置涂覆焊膏，加热后焊膏融化来实现焊球的结合。由于采用 90Pb10Sn 焊球，焊球不熔化，因此漏印到焊盘上的焊膏要比 PBGA 多一点，以补偿 CBGA 焊球共平面的误差，从而保证焊点连接的可靠性。再流焊之后，共晶焊料包裹焊球形成焊点，焊球起到了刚性支撑的作用，因此器件底部与 PCB 的间隙通常要比 PBGA 大。

CBGA 的焊球是用 90Pb10Sn 高铅锡焊料制的。多数基板上的焊盘直径为 0.86 mm，而焊球的直径为 0.89 mm，用线间距为 1.27 mm 的栅阵排列。CBGA的焊点是由两种不同的 Pb/Sn 组分焊料形成的，但共晶焊料和焊球之间的界面实际上并不明显，通过焊点的金相和成分分析，可以看到在界面区域形成一个从 90Pb10Sn 到 37Pb63Sn 的过渡区。

(1) 焊柱共晶焊料连接。安装 CBGA 的焊球，采用的方法与 PBGA 一样，不再赘述。CCGA 的焊柱安装是用一个石墨模具板，在石墨板上按照间距为 1.27 mm 的栅阵排列钻孔，将高铅焊丝插入阵列孔内。用丝网印刷法将低共熔点铅锡焊料膏涂覆到陶瓷基板上，然后将陶瓷基板放在石墨模具板上，同时要将基板上的焊接位阵列与高铅焊丝阵列对准，还要保持引脚共面。基板焊接位是镀了镍和金的。在做软钎焊时，温度设定在只将低共熔点焊料熔融而高铅焊丝并不熔化的温度范围内。

(2) 焊柱浇铸式固定结构。为了防止 CCGA 封装在与母板安装时的软熔焊导致凸焊点脱落问题，CCGA 的凸焊点可以直接将组成为 90Pb10Sn 的高铅凸焊柱焊接到 CCGA 的基板上，这样就不用低共熔体铅锡焊锡了。具体做法是将高铅焊料预制件放在石墨模具板的阵列孔洞中，在 CCGA 的基板面上涂上助焊剂。将石墨模板放在基板上并将阵列位置对准，在高温炉中进行软钎焊，温度设在高于 90Pb10Sn 焊料的熔点上，焊料熔化并形成石墨模具洞孔的形状。将带有凸柱的 CCGA 封装与石墨模板分开后，将凸焊柱的各个端头截平齐。这种浇铸式的 CCGA 凸焊柱的疲劳寿命要比焊接的凸焊柱的长很多，同时在母板返修时也就不会引起凸焊点脱落。

5) 引线脚和引线插针的安装

针栅阵列封装为多层陶瓷封装，呈方形，引脚针在封装件的底面呈矩阵排列。引脚针间距为 2.5 mm 或 1.3 mm，图 3-37 给出了封装的外形。引脚的数量可达到 500 个以上，非常适合高速度、高性能电子芯片封装。这种封装中的芯片键合贴装可以采用 FCB 技术。

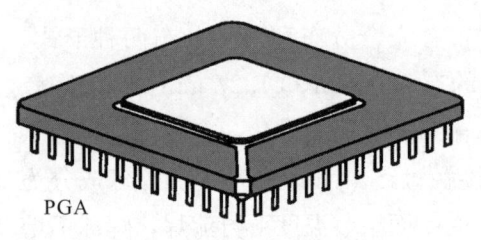

图 3-37　陶瓷针引脚栅阵列封装

一般用铜焊法在高温陶瓷基板上安装引线脚和引线插针，而在低温陶瓷基板上安装引线脚和引线插针一般用锡焊法。

对于高温陶瓷，先在金属表面镀镍，使之能被铜焊或锡焊。因为镍易被氧化，往往再在镍表面上镀金，金能改善焊接性能。

可以用电镀，也可以用化学镀来镀镍。化学镀电解液中的金属选择性地淀积在活化的金属淀积点，由于钨和锰-钼合金不活化，常用氯化钯电解液来促进金属的置换反应。金属钯先淀积在选择点上并起到催化剂作用，促进镍的淀积。

镍层的淀积厚度为 2.5 μm 左右，以满足以后铜焊的需要。

在镍上镀金是用化学电池置换反应，镀过金后，陶瓷基板就可以安装引线脚或插针脚了。

插针脚是用可伐合金做的丁头针，其表面镀镍以改进焊接性能；用铜焊将插针脚焊在陶瓷基板上，铜焊料是球形的 Cu-Ag 共熔合金（70%Ag-30%Cu）；将铜焊球放在插针脚丁头和陶瓷基板的焊接位之间，在还原气氛中加热到 860℃（铜焊料的熔点），插针脚就被焊在陶瓷基板上了；焊好的插针脚要做表面上锡，上锡就是将插针脚在熔融的焊锡合金中浸蘸一下，焊锡合金的成分为 90Pb10Sn。

3.4.2 BGA 的焊接质量检测技术

在 BGA 焊接质量检测方面，目前还存在着一个严峻的问题。尽管在大批量生产条件下，工艺缺陷率会很低，但是在缺乏无损伤检测能力的情况下，对于新型 PCB 的工艺调整仍将是费时、费钱。由于焊点被隐藏在 BGA 元件下面，采用 X 射线透射技术将是比较有效的方法，在此基础上还发展了 X 射线分层扫描技术；当然在 BGA 焊点不是太多的情况下，也可以利用改进的光学检测技术来完成。

1. X 射线透射诊断技术

X 射线透射诊断技术与人体 X 光透视的原理一样，主要依据 X 射线的穿透作用、差别吸收、感光作用和荧光作用。由于 X 射线穿过物体时受到不同程度的吸收，具体来讲就是原子量大的元素吸收多，原子量小的元素吸收少，那么穿透物体后的 X 射线强度分布就不一样，这样便携带了物体各部材料分布的信息，在荧光屏上显示的强弱就有较大差别，出现明暗不同的阴影。根据阴影浓淡的对比，可以对 BGA 进行分析。X 射线透射诊断技术便成了世界上最早应用的 BGA 检测技术。表 3-1 列出了 BGA 中的典型材料对 X 射线的透视程度。

表 3-1 BGA 封装典型材料对 X 射线的透视程度

材料	在封装中的用途	射线不透明系数
塑料	包装	极小
金	WB	非常高
铅	焊料	高

续表

材料	在封装中的用途	射线不透明系数
铝	WB、散热片	极小
锡	焊料	高
铜	PCB印制线	中等
环氧树脂	PCB基板	极小
硅	芯片	极小

  X射线透射的缺点在于，X射线对照射方向上线路的重叠显示问题无法解决，这使BGA工艺检测受到限制。X射线透射技术可以检测焊点之间的搭桥和明显的对准误差。但是在这些焊点的PCB焊盘上，厚的焊料层或焊球能够遮盖共晶合金焊料，就阻碍了对焊点到焊台之间连接质量的检测。例如，在CBGA焊点中，由于X射线在它的照射方向上透射所有高密度材料，所以芯片凸点将妨碍BGA焊盘处铅锡焊料图像的形成。在PBGA组装中，PCB焊盘位置的焊料图像也被焊球所妨碍。由于这种遮盖影响，这一检测技术在检测边界焊盘尺寸和探测工艺过程缺陷(如焊料不足)的能力上存在不足。

2. X射线分层扫描技术

  计算机分层扫描技术(工业CT)技术可以提供传统X射线成像技术无法实现的二维切面或三维立体表现图，并且避免了影像重叠、混淆真实缺陷的现象。可清楚地展示被测物体内部结构，提高识别物体内部缺陷的能力，更准确地识别物体内部缺陷的位置。

  X射线分层扫描技术的工作原理是由在高电压下产生的电子束照射到金属钨表面，产生窄束X射线，产生的X射线束倾斜向下照射并以$760r/s$的速度高速旋转。同时在下面对角位置有一个闪烁器平台也以同样的速度与X射线同步旋转，闪烁器平台实际上是一个对X射线敏感的接收器。一般来讲，X射线不能透过锡、铅等重金属形成深色影像，而一般的原子量低的物质则被射线穿透，不会形成影像。X射线在光源与闪烁器平台之间的某一位置平台上聚焦，出现一个聚焦平面，实际上，聚焦平面就是旋转X射线一直照射到的那个平面，而在它附近的部分旋转一周只照射到一次。因此，聚焦平面上的物体或图像会在闪烁器平台上形成一个清晰的图像，不在聚焦平面上的物体或图像在闪烁器平台上则被"虚掉"，只有一个阴影。若要对PCB上高度不同的焊点进行断层来检查某一层的焊接情况，只要将这一层调整到聚焦平面的位置，就会很清楚地将扫描结果展现出来。这个清晰的照片会由设备下面的 X 光照相机拍下来。图 3-38 是 X 射线断层照相技术的原理图。

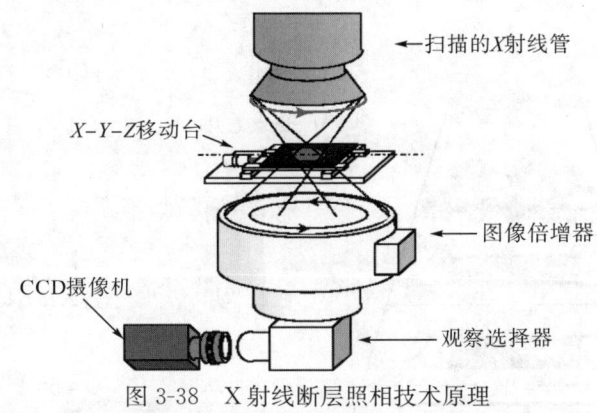

图 3-38　X 射线断层照相技术原理

3.5　CSP

3.5.1　CSP 的特点

CSP 是芯片尺寸封装(chip size package 或 chip scale package)的缩写，而在美国则以 μBGA(微型球栅阵列)称之。美国国防部将芯片封装尺寸小于或等于芯片面积 120% 的产品称为 CSP；日本则将封装产品每边的宽度比其芯片大 1 mm 以内的产品称为 CSP。总之，CSP 是在 BGA 基础上发展起来的，极接近芯片尺寸的封装产品。CSP 具有以下几个特点。

(1)体积极小。CSP 是目前体积最小的芯片封装形式。引脚数相同的芯片，CSP 的面积不到 QFP 的十分之一，只有 BGA 的三分之一。CSP 与 BGA、TAB、QFP 的尺寸比较如图 3-39 所示。

(2)CSP 的电性能良好。CSP 内部的布线长度比 QFP 或 BGA 的布线长度短得多，寄生电容很小，信号传输延迟时间短，即使时钟频率超过 100 MHz 的芯片也可以采用 CSP。CSP 的存取时间比 QFP 和 BGA 减少 15~20%，CSP 的开关噪声只有 DIP 的 1/2 左右。

(3)CSP 的散热性能优良。大多数 CSP 都将芯片面向下安装，能从芯片背面散热，且效率良好。

由于良好的性能和应用前景,人们开发了很多类型的 CSP,主要大类有刚性载体形式、柔性载带形式和晶圆形式,代表式样就接近 20 种,在此举例一些进行介绍。

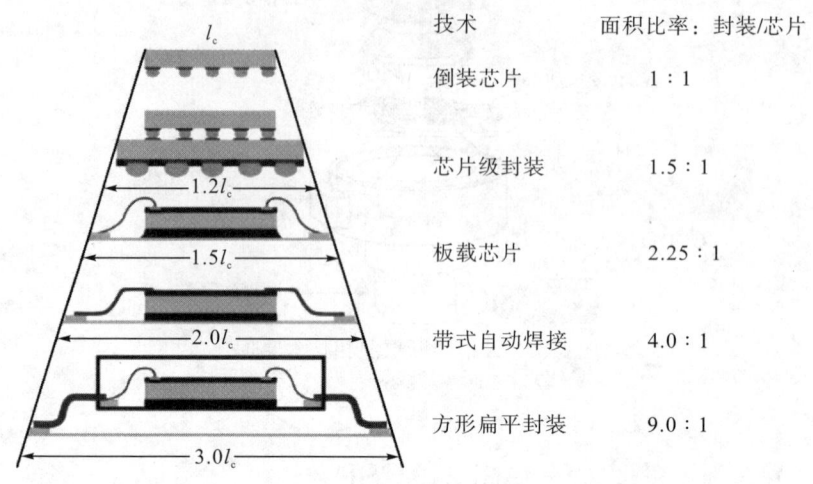

技术	面积比率:封装/芯片
倒装芯片	1:1
芯片级封装	1.5:1
板载芯片	2.25:1
带式自动焊接	4.0:1
方形扁平封装	9.0:1

图 3-39　CSP 与 BGA、TAB、QFP 的尺寸比较

3.5.2　挠性基板 CSP

挠性电路基板是一种可以弯曲的柔性基板材料,在焊接芯片后,再经过加工就形成了具有一定强度的封装体。但正因为是挠性电路基板,因此在键合了芯片后,可以折叠成任意形状,满足小空间、高密度的组装需要。挠性基板 CSP 通常采用 PI-铜线路板或者非常薄的 PCB 芯板作为互连基板。芯片可以用金丝键合或倒装的方式焊接到挠性基板上。对于 WB 型的挠性基板 CSP,主要的刚性支撑是用来包封芯片与键合引线的热固性模塑料;而对于倒装芯片挠性基板 CSP,在芯片有源面和挠性基扳之间通常会使用底部填充包封,有的制造商还采用递模成形包封芯片。

挠性基板的制作方法是,将薄的 FR4 基板粘在铜-PI 的背面,形成挠性基板的基材,PI 和 FR4 的厚度分别为 40 μm 和 50 μm,铜箔厚 18 μm,铜箔在表面。用 CO_2 激光器对 FR4/PI 打孔,直到铜箔暴露出来,再通过电镀在孔内填满 SnAg 无铅焊料。之后在基材的铜箔表面涂覆一层光刻胶,为后续的凸点电镀开窗口。然后在光刻胶的开口处电镀 SnAg 凸点,凸点的高度为 10~20 μm,边长为 75 μm 的正方形,凸点中心间距为 150 μm。剥去光刻胶,再次涂覆光刻胶,将表面的铜蚀刻成所要求的导体图形。如果不采用倒装芯片组装,在铜蚀刻之前可以先制作用于 WB 的镀金焊盘。挠性基板表面扫描电镜照片如图 3-40 所示。图中 SnAg 焊凸点和 WB 焊盘均有显示，填充 SnAg 的微孔在周边铜焊盘中间的下面。

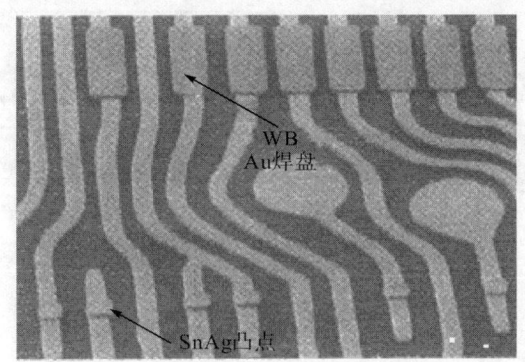

图 3-40　挠性基板表面扫描电镜照片

这类芯片的焊点可以分布在芯片四周或呈面阵列，首先在焊点上形成金凸点，通常是金丝钉头凸点，再用精密的拾取-贴放工具将芯片倒装放在基板上。在将芯片面压到基板上的过程中，将拾取头用脉冲加热，这样在受控的时间、温度和压力条件下，SnAg 凸点熔化与金凸点焊接，从而完成芯片的键合。在进行下填充后，得到的封装厚度仅为 0.13 mm。这种薄纸型的封装示意图如图 3-41 所示。图中，周边带钉头凸点的芯片组装到挠性带上，挠性基板上带有电镀 SnAg 凸点和填满 SnAg 的小孔。最后采用传递模塑成形技术对芯片表面进行包封，切割分离后就可以使用了。

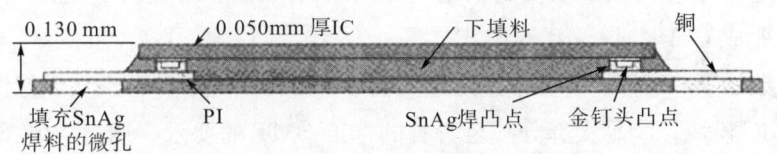

图 3-41　薄纸型封装示意

3.5.3　刚性 PCB 基板的 CSP

芯片可以用金丝键合或倒装的方式焊接到刚性 PCB 基板上。FC-CSP 即倒装芯片的芯片尺寸封装，制造是以阵列的格式进行的。FC-CSP 是从厚度为 0.1~0.2 mm 的薄 PCB 芯板上开始构造的，在芯板的两面都覆以厚度为 9 μm 或者 18 μm 的铜箔。微孔成形、电路制造以及阻焊膜的涂覆均采用常规的 PCB 工艺，包括钻孔、电镀铜和典型的光刻工艺，倒装芯片组装和底部填充工艺。组装之后，采用热固性环氧模塑料对 PCB 基板阵列进行递模成形。利用金刚石砂轮划片机将每一个元器件从阵列上分离下来，然后进行测试。图 3-42 所示为表面安装组装到 PCB 上的芯片金丝键合 CSP。

图 3-42　芯片丝焊后封装的 CSP

3.5.4　晶圆级芯片尺寸封装

晶圆级芯片尺寸封装(wafer level CSP，WLCSP)是真正意义上的芯片尺寸封装的 IC，它指直接在硅晶圆上进行包封，然后制作焊球引出端的封装形式。因此，WLCSP 不会用到任何比芯片尺寸更大的基板，WLCSP 的外形与芯片的尺寸比例是 1∶1。WLCSP 与前期的 CSP 相比，优势明显，WLCSP 可以对整个晶圆进行封装后再分割，节省了工艺步骤和时间。一般的 CSP 则是对单独的芯片进行封装。

最广泛使用的 WLCSP 类型是再布线类型(RDL)和 I/O 端焊柱类型(I/O post)，这两种类型的 WLCSP 具有许多共同特点。这些 WLCSP 都是在已完成 IC 制作的晶圆上再施加一层或多层另外的介质层和金属薄膜线路。这些金属线路用来重新排布焊点的位置，从芯片周边 WB 位置间距非常窄的焊点向芯片的面上重新排布，形成在整个芯片上阵列排布的焊点，以便于后续工序放置焊球和焊接。这样做可以在不改变旧有芯片表面原有布置的情况下，把原来 WB 的互连方式变成 CSP 的焊球互连形式。

大多数的 WLCSP 采用焊球作为 I/O 端子，焊球凸点设计可以实现像倒装芯片那样小的 IC 模块，满足大部分甚至所有的标准 SMT 的要求。通过 WLCSP 封装，芯片上的键合位置从四周分布到整个面阵列上，具有较宽的 I/O 端间距并且可以使用较大的焊球，这就降低了对表面安装贴片的精度要求，就可以使用标准的 PCB 焊盘金属化涂敷，同时允许在 PCB 上采用标准的焊膏模板印刷焊盘。

1. 再布线型 WLCSP

再布线型 WLCSP(RDL WLCSP)可以将为 WB 而设计的裸芯片转换成 WLCSP。这种 WLCSP 使用 BCB(苯并环丁烯)作为介质层。第一层 BCB 沉积在裸芯片上，并保持芯片焊点处于开窗状态；再布线层(RDL)通过溅射或电镀金属布线的方式将周边焊点转换为面阵列。再旋涂第二层 BCB、UBM 和布球。整个流程见图 3-43，最后得到的 CSP 实物见图 3-44。具体流程描述如下：

(1) 旋涂第一层 BCB，在芯片焊点位置光刻出窗口，露出芯片焊点，在氮气气氛中热处理，固化 BCB；

(2) 真空溅射再布线金属层，再对金属层进行电镀加厚和光刻，形成线路；

(3) 旋涂第二层 BCB，在放置焊球位置光刻出窗口，露出焊点，固化 BCB；

(4) 凸点下金属化 (UBM)；

(5) 植入焊球；

(6) 再流焊。

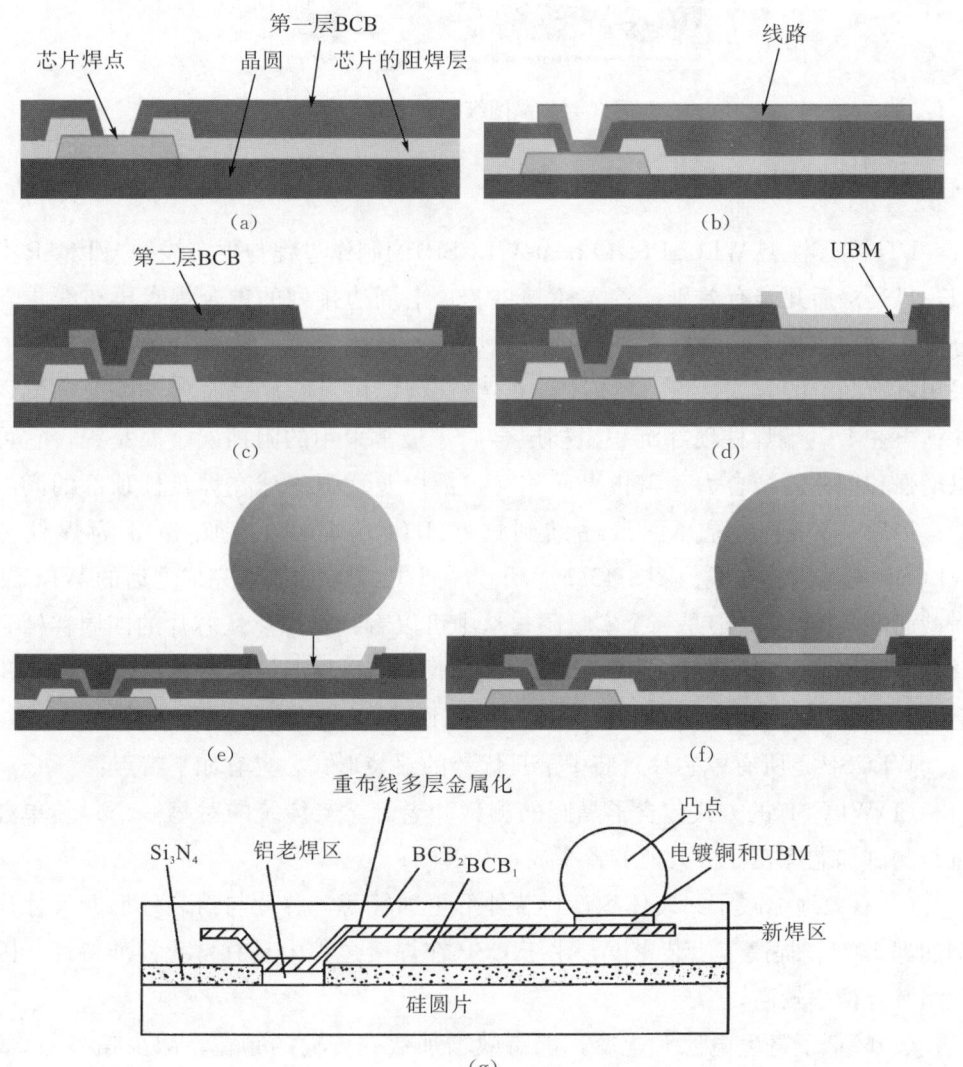

图 3-43 再布线型 WLCSP 的制作流程

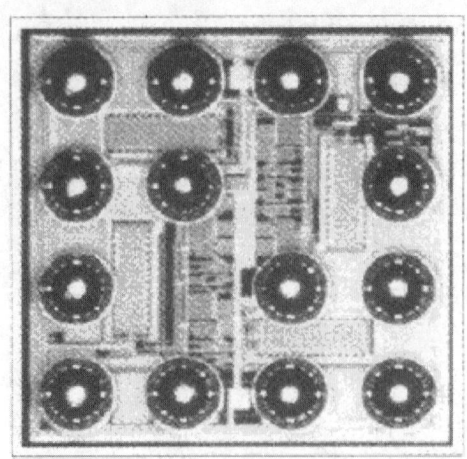

图 3-44　晶圆级 CSP 的芯片

2. I/O 端焊柱型 WLCSP

I/O 端焊柱型 WLCSP(I/O post WLCSP)的制作过程与再布线型 WLCSP 类似，只是最后几步有差别。首先还是将芯片上周边排列的键合焊盘再布线重新分布在整个芯片上；之后在重新排布的焊盘上形成 I/O 端铜焊柱，该焊柱可以采用电镀凸点的方式进行，然后用一层聚合物层包封芯片表面和支撑 I/O 端焊柱；再在 I/O 端焊柱顶部沉积阻挡层金属，最常采用的阻挡层金属是镍，它可以增强和铜柱的结合力、阻止界面相互扩散以及增强焊球在焊盘柱顶部的润湿性；最后将焊球放置并回流黏结到这些 I/O 端焊柱上。图 3-45 为焊柱型 WLCSP 的结构和布线。图 3-45(a)所示为在 I/O 端焊柱制作完成之后的 WLCSP 横截面图，图 3-45(b)是一个实物图，从中可以看到，焊点从芯片的四周移植到芯片表面形成阵列的布线模式。该技术增加了 CSP 凸点的高度，在焊接到 PCB 上后，有利于改善由于 IC 与 PCB 之间的 CTE 相差大而产生的不匹配。

WLCSP 是所有单芯片封装中最具优势的封装形式，具有如下特点：

(1)WLCSP 的方式包含了晶圆的测试和老炼，与传统的对每一个封装单独进行测试和老炼相比极大地节省了成本和时间；

(2)有效地缩减了封装体积，封装外形更加轻薄，芯片与封装外形的尺寸比例达到 1∶1，提高了组装密度，由于 CSP 在焊接过程中具有自我校准特性，因此组装合格率较高；

(3)降低了寄生电感和电容，能有效增加数据传输的频宽，减少信号失真，提升数据传输的稳定性；

(4)散热特性佳,由于 WLCSP 少了传统的塑料或陶瓷封装,故芯片产生的热能有效地发散,有利于提高组装密度。

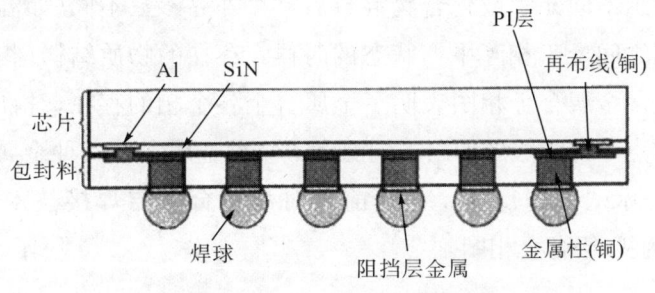

(a)焊柱型 WLCSP 横截面图

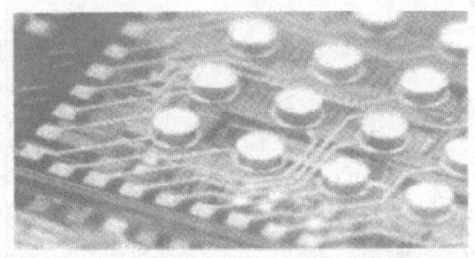

(b)焊柱制作之后的 WLCSP 局部细节

图 3-45　焊柱型 WLCSP 的结构和布线

WLCSP 不仅是实现高密度、高性能封装和 SiP 的重要技术,同时也在将器件嵌入 PCB 技术中起到关键作用。

3.6　焊　　料

3.6.1　锡铅焊料

锡铅焊料的使用已经有上百年的历史,为电子组装做出了巨大的贡献。但是由于其中的铅对人体有害,因此除了在军事、航空等高可靠性要求的行业还在继续使用以外,日常消费的家用电子产品已经由无铅焊料替代。作为长期使用的焊料,人们对它的研究最深入,积累的经验也最多,因此这里首先介绍锡铅焊料,再介绍常用的无铅焊料。

1. 相图

相图是表示不同元素或化合物混合后，在外界参数不同（如温度、压力）的状态下，它们之间处于相互平衡状态的时候，存在的物质结构（相）和状态（液/固/气）的描述。金属合金相图表明了金属合金各个相的存在，指出了金属单质及其合金的熔点，并能够展示出不同温度下一种金属在另一种金属中的溶解度。相图是通过实际试验制得的，也是前人对焊料合金与焊接技术研究的贡献。图 3-46 所示为锡-铅合金相图。

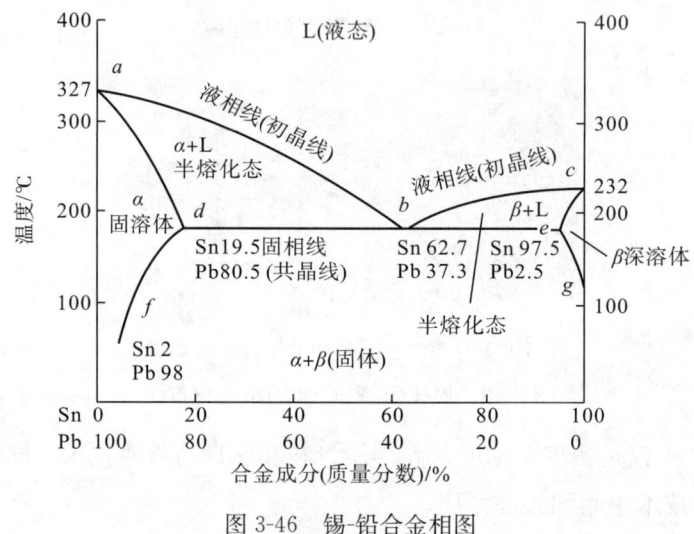

图 3-46　锡-铅合金相图

图 3-46 中，Y 轴表示温度，X 轴为组分，相图左端是纯铅，右端为纯锡。α、β 相区又称固熔区，表示由铅和锡按照一定化学组分组成的均匀晶体相。α 相表明了不同温度下锡在铅中的互溶量；同样，β 相表示不同温度下，铅在锡中的不同溶解量。

当锡-铅合金以 62.7：37.3 比例互熔并升温至 183℃时，将出现固态与液态的交汇点，既没有明显的固态，也没有明显的液态存在，这一点的合金比例称为共晶点，这点的温度称为共晶温度，共晶温度是不同锡-铅配比中焊料熔点最低的温度。在共晶温度之上，共晶组分是液体，其他组分则是糊状物（α 相+液相或 β 相+液相），即固相液相同时存在。锡、铅比例为 62.7：37.3 时，称为共晶成分配比。

锡-铅合金在实际应用中的配比是 63：37，此时的共晶温度为 183℃，从相图中可以看出，这是锡-铅合金的最低熔点。在实际生产中，焊接温度要高于共晶温度 40~60℃，因为焊料不仅要熔化，还应有较低的黏度和稳定的液态流动性。在锡与铅比例为 63：37 时，焊料的各项特性达到最佳，焊料具有最低的熔点、最短的凝固温度区间、最好的机械性能、最佳流动性和最大漫流面积。这也是在电子线路的焊接中，通常使用 63Sn37Pb 共晶焊料的原因。再流焊中的温度控制曲线如图 3-21 所示。从图中可以看出，虽然铅锡焊料的熔点在 183℃，但是焊接温度要达到 215℃才能具有良好的焊接效果，因此一般再流焊的温度设置在 220℃±5℃。

2. 锡-铅焊料与金属的合金化

焊料是连接引脚和焊盘之间的一种低熔点合金，因此焊料会与被焊接的金属材料发生反应，形成合金，哪怕焊接时间只有两分钟。浸入熔融焊料中的固体金属会产生溶解，生产中将这种现象称为浸析现象，或溶蚀现象，俗称"被吃"。发生浸析现象的本质，是由于这一类固体金属与液态焊料金属原子之间存在良好的亲和能力。最常发生浸析现象的金属是金、银和铜。

影响浸析现象的原因有多种，主要取决于基体金属、焊料成分、焊料的温度和流动速度等。焊料温度的上升会加速浸析现象的出现，同样，焊料流动速度增加也会促进浸析现象的出现。例如，波峰焊中焊料温度的升高以及焊料的流动均会增加 PCB 焊盘中的铜在焊料中的浸析。浸析的速度通常可以用固体金属在焊料中的溶解率来表征。溶解率的测定通常是用一根规定直径的导线完全溶解在焊料中所需时间来表示。图 3-47 是几种不同金属在锡铅焊料中的溶解速度。

从图中可以看出：①金、银、铜在焊料中均有较高的溶解速度，并且金的溶解速度最快，银的溶解速度次之，而铜的溶解相对前两者较慢；②温度上升，溶解速度增加；③焊料流动速度增加，溶解速度也增加。

金在熔融焊料中的溶解率最高，这与金和锡之间存在很强的相互作用有关，在电子工程中，元器件引脚及 PCB 焊盘经常使用镀金工艺，特别是在焊接薄膜电路时，使用锡铅焊料

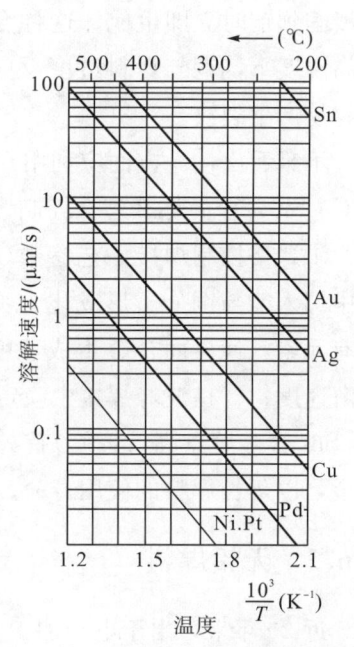

图 3-47 金属在锡铅焊料中的溶解率

会出现镀金层浸析现象。通常在这一类器件焊接中，不提倡使用普通的锡铅焊料，而主张使用铟焊料或含银焊料，以减少"吃金"现象。

银在液态焊料中也有很高的溶解能力，在焊接陶瓷厚膜电路中会出现浸析现象。因厚膜电路中主要使用银做导带，此外部分片式元件的端电极也采用银浆料烧结而成，故生产中均会出现相关缺陷。如果在锡铅焊料中预先掺入少量银，称为含银焊料，可以解决上述问题。

当熔融状态的焊锡落在清洁的铜表面时，会出现锡焊料润湿铜层的现象。此时立即会有锡原子扩散到铜层中，而铜原子也在瞬时扩散到锡中，在焊接温度为230～250℃条件下1～3 s内，便可生成锡-铜合金，通常初期的锡-铜合金的结构为Cu_6Sn_5，厚度均为1～3μm，此种新生化合物中，铜含量约为40%（重量百分比），Cu_6Sn_5又称为η-相。若进一步升温，便会出现过量的铜原子渗透到Cu_6Sn_5，在η-相与铜基材之间，因铜量的不断渗入，局部组织将由Cu_6Sn_5转变为Cu_3Sn，Cu_3Sn又称为ε-相，铜含量由原来的40%增加到66%。而且随着温度的提高将会有更多的Cu_6Sn_5转变为Cu_3Sn。

若温度进一步提高，时间进一步加长，则意味着锡铅焊料中的锡不断地扩散到母材中，以致只留下铅并形成一个富铅层。

在Cu_6Sn_5和Cu_3Sn两种合金中，Cu_6Sn_5对焊接是有改善效果的，它在焊料浸润到铜时立即生成，这种合金强度高，韧性好，电性能良好；Cu_3Sn是在较高温度下，铜与焊料过度反应形成的产物，浸润性不好，合金脆性大，使焊点容易产生裂纹。

不难看出，一方面应利用Cu_6Sn_5的生成提高焊接质量，但又应避免生成坏的Cu_3Sn合金。那么怎么控制锡-铜合金的成分呢？通常可以采取下列办法来解决：①严格控制焊接工艺参数（时间与温度），特别是波峰焊接的温度；②在焊料中加入能与铜分子形成化合物而与被焊金属不能形成化合物的元素，如某些稀有元素，使界面合金生成速度明显减慢，焊料中增加银和锡，也可抑制铜的溶解速度；③在波峰焊接中应定期检验焊料中的铜含量，当超过0.4%时，根据Cu_6Sn_5合金熔点高（227℃）首先析出的原理，可以采用"冷却法"去除Cu_6Sn_5合金，以延长焊料的使用寿命。

3.6.2 无铅焊料

近20年来，由于电子加工业的迅速发展，造成了许多环境污染问题，首先被关注的是破坏臭氧层的氟氯化碳化合物，随着人们对环境保护意识的增强，铅的污染问题也提上了议事日程。目前，除了特殊用途以外，几乎所有的民用产品都使用不含铅的焊料来进行电路组装。

1. 无铅焊料的种类：

锡-铅合金具有优良焊接工艺、优良的导电性、适中的熔点等综合性能。因此无铅焊料也应接近或等同于锡-铅合金的性能，对无铅焊料的要求有：

(1) 无公害。

(2) 熔点应与锡-铅接近，要能在现有的加工设备和工艺条件下操作。

(3) 机械强度和耐热疲劳性能要与锡-铅合金相当。

(4) 焊料熔化后应对许多材料（目前在电子行业中已经使用的）有很好的润湿性，形成优良的焊点，如 Cu、Ag、Au、Ni 以及焊盘保护涂层 OSP 等。

(5) 价格应接近锡-铅合金或不应超过太多，应有充足的原料来源以满足越来越多的电子产品制造需求。

此外还应适应各种焊料品种的制造，如焊锡丝、焊膏制造加工等，不难看出，要满足上述诸多条件是一件不容易的事。

目前人们研究的合金不下 20 种，其中有发展前途的合金有 Sn-Ag-Cu、Sn-Ag、Sn-Ag-Bi、Sn-Ag-Cu-Bi、Sn-Ag-Bi-In、Sn-Ag-Cu-In、Sn-Cu-In-Ga 等。目前最常用的合金是 Sn-Ag-Cu，下面就以 Sn-Ag-Cu 合金焊料为例进行介绍。

2. Sn-Ag-Cu 焊料的性质

在所有无铅焊料中，Sn-Ag-Cu 合金（简称 SAC）焊料的性质与锡铅焊料的性质最接近，只是熔点要高一些，但 SAC 的整体性质还是比锡铅焊料要差一些。目前常用的 SAC 合金焊料的成分都在这三种金属元素形成的合金的共晶点附近，有 Sn-3.9Ag-0.6Cu（简称 SAC396），称为过共晶体，它表示合金中的各种金属元素的质量比为 Sn：Ag：Cu＝95.5：3.9：0.6；Sn-3.0Ag-0.5Cu（简称 SAC305）称为亚共晶体，它表示合金中的各种金属元素的质量比为 Sn：Ag：Cu＝96.5：3.0：0.5。

SAC 合金焊料的熔点随着成分不同有少许变化，大约在 217～220℃，比锡铅焊料高了 35℃，这就意味着如果把它用于波峰焊和再流焊，元器件和 PCB 受到的热冲击强度会加大，这就对元器件提出了更高的要求。经过最近十来年的探索，人们已经克服了困难，采用无铅焊料组装得到了满足要求的电子产品。再流焊中的温度控制曲线如图 3-48 所示。

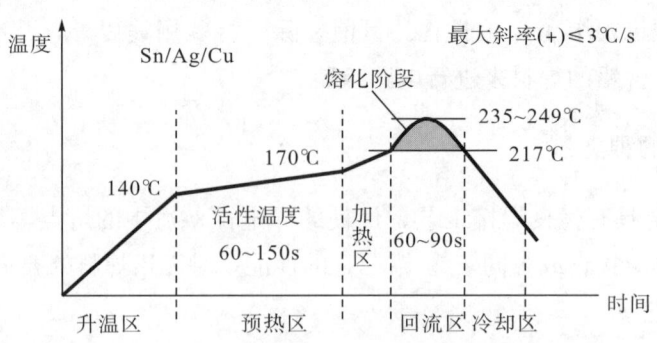

图 3-48 无铅焊料 SAC 再流焊中的温度控制曲线

从再流焊的温度曲线可以看出,焊料在 217℃ 熔化后,在 235~249℃ 完成焊接,因此 235℃ 是 SAC 无铅焊料得到一个良好焊点的最低温度。

3. 可能出现的缺陷及解决方法

1) 金属界面化合物

无铅焊料 (SAC305,SAC405) 的最低焊接温度 (235℃) 比锡铅合金的最低焊接温度 (215℃) 要高 20℃。因此在焊接过程中,更容易引起被焊接金属扩散到焊料中,它们之间形成的合金材料称为金属界面化合物 (intermetallic compound, IMC)。

无铅焊料与铜焊盘间的 IMC 金属化合物的生成主要分为两个阶段,一是在熔融焊接过程中,铜焊盘与液态焊料之间发生反应生成 IMC 层;二是电子设备在长期使用过程中,铜焊盘与固态焊料之间的固态相互扩散使得 IMC 生长变厚。

在焊接过程中,当铜焊盘与液态钎焊料接触后,铜开始向液态焊料溶解、扩散,铜原子与焊料中的锡原子结合形成化合物 Cu_6Sn_5,随着 Cu_6Sn_5 的稳定结晶和相互之间的连接,铜与液态焊料之间形成连续的一层 Cu_6Sn_5 化合物。铜焊盘与 Cu_6Sn_5 层之间是不稳定界面,铜原子与锡原子进一步反应,Cu_3Sn 便会在铜焊盘与 Cu_6Sn_5 层的界面间形成。在电路长期使用过程中,焊盘的铜原子会扩散进入焊锡内,界面化合物 IMC (Cu_6Sn_5 或 Cu_3Sn) 向焊料内生长。最近的研究表明,铜通过界面上的 Cu_3Sn 和 Cu_6Sn_5 金属间化合物薄层迅速扩散,往往在 Cu/Cu_3Sn 和(或) Cu_3Sn/Cu_6Sn_5 界面形成空洞,即 Kirkendall 空洞,如图 3-49(b) 所示。这些空洞虽然通常维持很低的密度,而且小得用光学显微镜也看不见,但在高温老化过程中却会使机械强度快速减弱。

研究发现,影响 IMC 组成成分的因素有焊料成分、衬底金属在焊点合金中的溶解扩散速度等；影响 IMC 层厚度形貌的因素有回流焊接曲线的峰值、焊接曲线冷却速率、焊接面上的温度变化趋势等。

为了解决这个问题，可以从两个方面入手，改进无铅焊料的组成或改变焊盘的特性。实验发现，添加微量稀土元素能有效减小界面间金属化合物 IMC 在钎焊过程及使用过程中的生长速度，从而改变焊点裂纹的起源位置，提高钎焊接头的可靠性；或者在铜焊盘表面化学镀镍或金，也能够起到延缓 IMC 生长速度的作用。另外就是在保证焊接质量的前提下，尽量减少焊料的熔融焊接时间。

(a) 金属界面化合物的分布

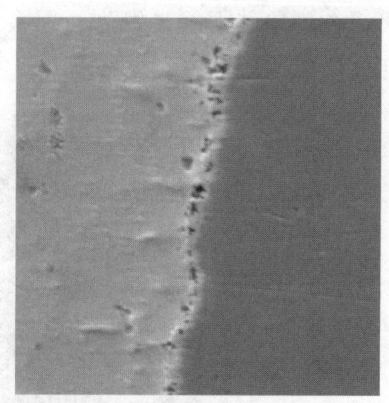
(b) Kirkendall 空洞

图 3-49　铜焊盘表面无铅焊后形成的金属界面化合物及热循环后形成的空洞

2）锡须

许多金属均能生长出晶须，主要是一些相当软和延展性好的金属材料，特别是那些低熔点的金属，其中锡是最容易生成晶须的金属之一。晶须的直径通常是微米级，但长度有时可达数百微米。在电场中，晶须会引起尖端放电现象。

锡须指器件在长期储存、使用过程中，在机械、温度、环境等综合条件作用下在高锡镀层的表面生长出一些胡须状晶体，其主要成分是锡。锡须是锡的针状单晶，它能从固体无铅焊料的表面自然生长出来。由于锡须可能连到相邻线路引起短路而产生严重的可靠性问题，因此备受业界的关注。锡须的成因很多，比较一致的看法是由于材料的晶格失配所引起的应力造成。

锡中加铅是一种有效的抑制锡须生长的方法，锡铅焊料就没有锡须生长。但是所有可行的无铅焊料均有高锡含量，在无铅化电子组装的发展进程中，晶须的问题再一次受到了广泛关注。

在塑料封装中，要采用引线框架材料，为了焊接可靠，需要引线框架材料

（主要是铜）表面电镀无铅化镀层。由于电镀层往往有较高的内应力，镀层的材料与衬底的金属材料不相同，由于晶格失配的作用，其应力会上升，锡原子会转移到发状结晶中，通常晶须成直发状，如图 3-50 所示。在一定条件下，锡的电镀层可以在几天内被晶须完全覆盖。锡须生长的速度与温度有关，温度增高有利于晶须的增长，潮湿的环境也会诱发晶须的生长。

无铅化镀层包括纯锡、Sn-Ag、Sn-Cu、Sn-Bi，均有可能生长晶须。其中，纯锡镀层的晶须生长问题最为严重。

锡须的危害是不言而喻的，它可以诱发电子线路出现跳火、短路和噪音。尽管锡须现象并不经常发生，但会造成意外的后果，特别是在 SMC/SMD 微型化后，应随时提防锡须的干扰。

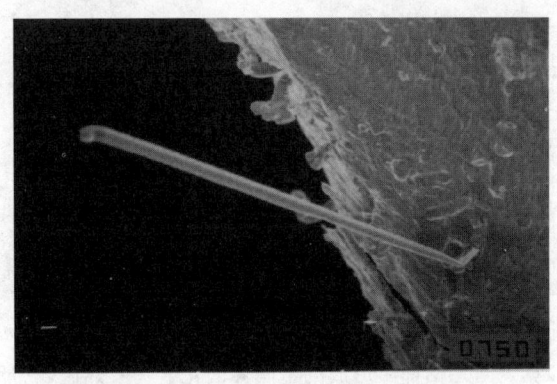

图 3-50　无铅镀层上生长的锡须

防止锡须生成的办法是不用电镀锡层而改用热浸涂层。有研究表明，在锡与铜之间插入 2 μm 厚的镍层能有效抑制锡须的成长。就引线框架材料而言，可伐合金的引线框架出现锡须问题要少于铜合金。

3）抗氧化和抗腐蚀性较差

无铅焊料的氧化和腐蚀问题尤其突出，由于无铅焊料一般含有多种元素，这样，在外界条件成熟时，各元素间可能形成原电池或与环境中的 H_2O 反应造成腐蚀和氧化。Sn-Ag-Cu 系焊料中含有贵金属元素，部分氧化和腐蚀就能造成成本提高；此外，在进行波峰焊时，液态焊料对焊接溶池的腐蚀也尤为明显。使用 Sn-Ag-Cu 焊料因氧化造成的损失比原有的锡铅焊料大三倍以上。

第 4 章 塑封技术

芯片封装的种类主要有陶瓷封装、金属封装和塑料封装。在 20 世纪 60 年代，IC 主要应用在军事和航天等高可靠要求领域，因此芯片封装首先采用的是陶瓷封装和金属封装；进入 70 年代，随着微型计算机等民用电子产品的兴起，IC 的应用逐渐扩展到生活中的各个领域，因此成本及能否具备批量化生产能力就成为优先考虑的因素。与其他的封装形式相比，塑封的成本较低、易于加工、适于大规模生产等特点，使得它在消费类产品和民用技术领域份额超过 95%。

聚合物材料芯片封装方法很多，主要有铸塑（casting）、罐封（potting）和模塑（molding）三种。其中，模塑封装是最常见的。

4.1 塑料封装

4.1.1 简介

1. 铸塑

铸塑是在模子里悬放电子器件，用液体的环氧树脂填满器件的四周模腔空间。模腔中的树脂在室温下固化，或者将模子放在高温炉中，在升高的温度下固化。铸塑前在模子内壁涂有脱模剂，能使铸好的封装件出模比较容易。为了改善高温性能，出模后的封装件要在接近环氧树脂玻璃转化温度（T_g）时再固化。

根据具体情况，采用不同的铸塑设备：台式铸塑适合于短期的生产，手工混合环氧树脂配合料，手工浇注到模子中；真空铸塑的特点是可以使塑料中的气泡排除更完全；自动铸塑机可以使环氧树脂配合料的称量、混合和排除气泡的工艺自动化；压铸塑或浸喷铸塑可以在器件放入模子后结合真空操作。

也可以用浸蘸的方法，这种铸塑工艺是将器件在有触变性的树脂混合配料中有控制地蘸上封装料，然后在室温或高温下固化。首先是用已加热的器件在流体化的封装料细粉中蘸一下，使环氧树脂粘到器件的表面，然后热烤使之固化。封装用树脂细粉末的流体化是将细粉盛在一个容器内，容器的底部是多孔的板，惰性气体由这一多孔底板向上吹，使树脂细粉悬浮而呈流体状态。

2. 罐封

罐封与铸塑工艺一样，只是用容器罐代替模子，且最终封装的器件是连同容器罐一起作为一个整体封装件。罐封对器件起到加固抗振和提高抗蚀强度的作用。图 4-1 就是正在灌封的电子模块。

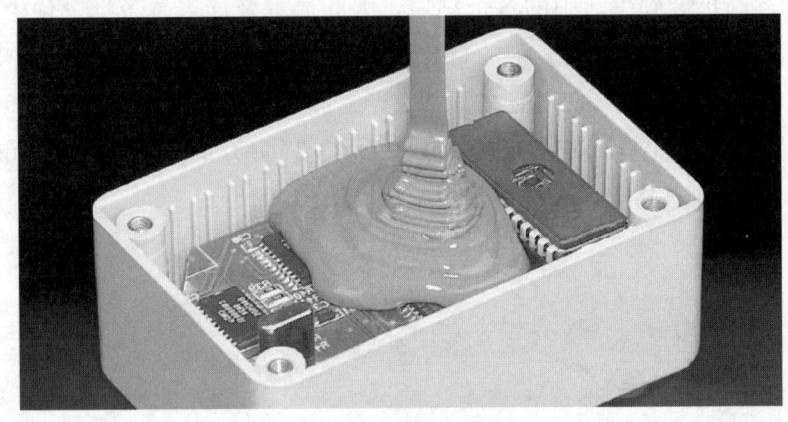

图 4-1 电子模块的灌封

罐封材料常为液体，包括两个组成部分，一部分为树脂，另一部分为固化剂或加速剂。将这两部分按比例混合成均一体，在真空除气后就可以使用了。树脂和固化剂可按容积配比混合并直接注射到密封部位。

近来，人们将密封材料的两个组成部分，预先按比例混合成均一的液体，装在容器中冷冻存放，使用时就非常方便，同时又保证了密封料性质的一致性。

用于这种密封的复合料中很少添加填充料，这是因为在工艺上要求它要有良好的流动性，即在施加密封的过程中黏度要小。聚合物复合料中添加填充料可以降低复合料的 CTE，不加填充料的密封料的 CTE 相对较高。所以，罐装密封复合材料不适合于对热应力非常敏感的电子器件，比如裸芯片的密封。

一个合适的罐封胶要具有适当的黏度、良好的触变性、合适的固化速度，在固化温度下有放热性，这样才能保证微电子器件及组装件的密封质量。

罐封材料的黏度非常重要，黏度是保证其应用性能和器件密封性的关键。

密封胶的黏度低有利于减少空穴，但是黏度过于低也不好，会使填充料快速沉积，造成热膨胀的不均匀。填充料沉底的部位 CTE 会明显小于上部树脂比例高的部位。为了调整黏度，有些密封胶中添加了一些有机溶剂，在这种情况下，固化时必须多加小心，防止由于有机溶剂挥发而造成密封胶内产生空穴，在固化前排除挥发气体是很关键的。

密封胶中如有残留空气，或胶本身具有挥发性，往往会造成密封中的空穴。由于空穴的存在，密封胶的散热性能会降低，在抗潮湿测验时会导致漏电。

密封胶对基板上不同种类的金属及塑料外壳表面的亲和性和兼容性很重要，必须事先考虑到，如果密封胶对它们的黏附性不好，潮湿气就很容易渗透进入器件内部，导致产品失效。

常用的罐封材料有硅橡胶、环氧树脂和聚氨酯材料三种。

3. 模塑

塑封的主要目的是对芯片及金线提供机械保护，防止湿气浸入芯片内部及使芯片产生的热量能通过塑封体去除，让裸露在外的金线和芯片被保护起来不被氧化。其过程为塑封料在型腔中填充焊有芯片和金线的框架。

传递模塑包括使用冲头或柱塞，将流化的模塑配合料输送到模子中。模塑的压力低，不会损坏模腔中间的精细电子器件。模塑的模子一般为上下两块，合在一起中间形成的型腔成为封装的外形。加注到型腔中的环氧树脂固化后就可以开模取出，这样封装的器件各个面都是光滑的。利用注塑模具，用注塑头将塑封料压入模具型腔中，将芯片和引脚完全包裹，形成完整的封装体，然后去除料饼和主/子胶道的残胶。图 4-2 就是传递模塑成型后得到的 IC 块的结构图。

压缩模塑是将干燥颗粒或油灰状的环氧树脂配合料放在阳模上，然后扣上阴模施加压力，热和压力使配合料熔融并流动，充满模腔。这种方法适合大规模生产形状复杂的电子器件。

还有一种特殊的模塑工艺叫做反应注射模塑（reaction injection molding, RIM），是将化学活性的树脂和硬化剂在压力下冲击混合。混合的液流直接压入模腔内，模子的热量和反应放热使器件在 2~5 分钟的时间内固化，这一模塑工艺因周期短而具有制造上的优越性。

模塑封装的基本工艺流程为：芯片切割→安放引线框架→芯片贴装→内引线焊接键合→模塑封装→去飞边→外引脚电镀→切筋→测试→引脚压弯→引脚

平面化→外观检查→托盘装运(载带卷装)。

下面以传递模塑封装为例，按顺序叙述一下主要工艺流程。

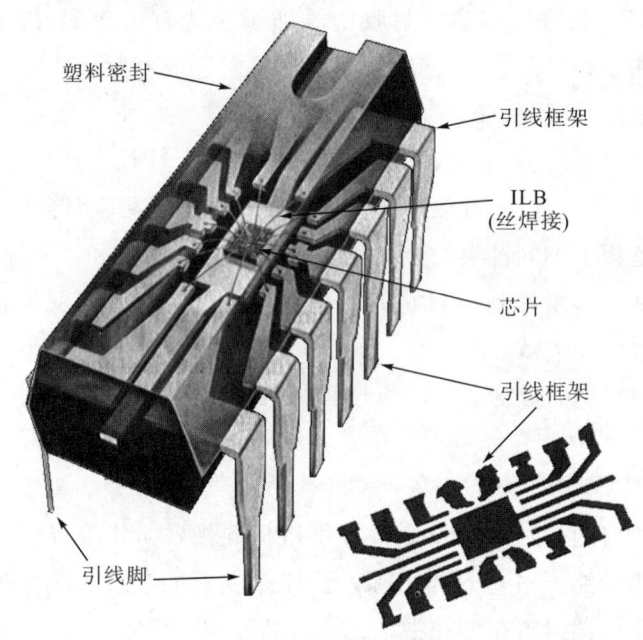

图 4-2　塑料双列直插式封装(PDIP)中的引线框架(可见 ILB)

4.1.2　塑封的工艺流程

1. 芯片切割

在硅圆背面粘贴一层厚的蓝膜，放进温度为 90~100℃ 的烘箱烘 5~10 分钟。对芯片进行测试，标记出坏的芯片。用金刚石刀具分两次切割硅圆，先用宽刃刀具将硅圆切入一半，再用窄刃刀具切透硅圆，并切入蓝膜中(但不要划穿)，从而把芯片从硅圆上独立出来。切割后的硅片上残留的粉尘由自动清洗机清洗干净，就可以送去粘片工序。

2. 安放引线框架

在传递模塑封装中，引线框架作为芯片的载体，是一种借助键合材料(金丝、铝丝、铜丝)实现芯片焊点与外电路电气连接、形成电气回路的关键结构件，它起到了芯片和外部电路连接的桥梁作用。

为了提高效率和易于操作，芯片的引线框架是多个排列在一起的，如图 4-3 所示。塑料封装的引线框架一般为金属片冲压成型,也可以用化学侵蚀法制做,金属片的厚度为 0.25 mm 或 0.2 mm,最近还开发了厚度小于 0.1 mm 的引线框架。

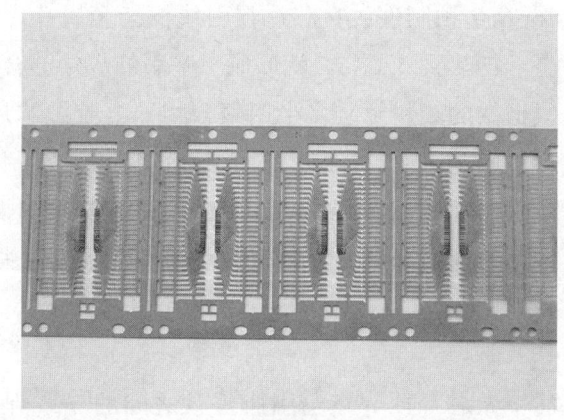

(a)引线框架

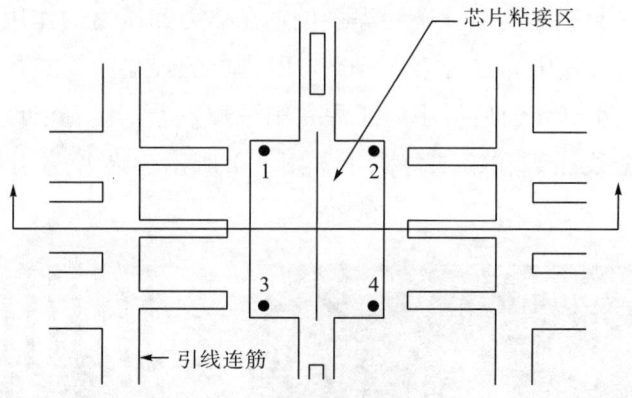

(b)引线框架的结构

图 4-3　引线框架及各部分的作用

引线框架的结构必须满足塑封的要求,引线框架中心的凹形小片是芯片承载底座,用于放置芯片,芯片承载底座有引脚引出,实现芯片接地;在引脚之间,也留下了金属横挡,称为引线连筋。筋的作用是作为引脚之间的支撑,使各个引脚在储存和运输过程中彼此分开,不会出现变形;另一个作用就是在熔融树脂进入型腔后起阻挡作用,避免树脂从引脚之间挤出去。

3. 芯片的贴装

塑料封装首先是将芯片贴装在引线框架的贴装位(贴装基片)上。贴装可以用金-硅共熔体合金,也可以用导电胶粘接。导电胶是填充了银粉的环氧树脂,具有较好的导电性和导热性。对于不需要接地的芯片，采用单纯的环氧树脂进行粘接。

将一片 96Au-6Si 合金预制件放在芯片与引线框架金属片之间，引线框架的贴装位也同样镀有金，加热到 370℃，就形成了坚固的焊接键合。

用铜合金做引线框架的塑料封装多半用聚合物导电胶做芯片贴装的黏结剂。因为聚合物的柔性会缓解由于 CTE 不匹配而引起的应力。常用的聚合物为环氧树脂和 PI，这些聚合物需要在 120~150℃ 的温度下固化。这时需要防止聚合物固化时释放出的气体污染引线金属，导致引线腐蚀而造成器件失效。

4. WB

完成芯片贴装后，做芯片压焊点与引脚焊盘之间的 WB 焊接，以便完成芯片与外界的电连接。这一工序是用电脑控制的自动 WB 焊接机来完成的。程序控制的供线器将金丝由毛细管送到焊接位，在热力和压力的作用下完成丝焊键合。焊线时，以芯片压焊点为第一焊点，引脚上的焊盘为第二焊点。首先将金丝的端点烧结成小球，而后将小球压焊在第一焊点上，接着依设计好的路径拉金丝，最后将金线压焊在第二焊点上。图 4-4 所示为芯片与引线框架的金丝键合。

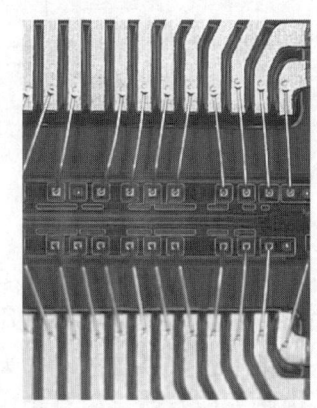

图 4-4　芯片与引线框架的金丝键合

WB 技术已经非常成熟，并被广泛地应用。它全自动化，键合速度快，可靠性好。目前，除了 WB 以外，还可以用 TAB 技术实现芯片与引线框架各个引脚的连接，当然，TAB 技术还可以不通过引线框架而直接实现芯片与外电路之间的互连。在超大型高频高速 IC 的封装上，WB 技术开始被芯片 FCB 技术取代。

5. 传递模塑封装

完成 WB 后的芯片和引线框架被放在封装模具的上下型腔之间，就可以进行塑料密封封装。芯片引线框架被夹在两个加热板之间，模具中的热固塑料的温度、固化时间和冲压头的压力都是可以控制的。铸模挤压头对熔融的热固塑料施加压力，使其通过模具的铸口和分支通道灌注到各个封装空腔中。用热固塑料密封，热固塑料在较低的温度下为液体或可塑体，经过加热后，它就会发生聚合反应形成高分子网络结构而固化，且不会再被熔化。热固塑料在型腔中固化成坚固的封装块，将其取出并做一些后处理，就是 IC 聚合物封装成品了。图 4-5 是传递模塑封装的示意图。

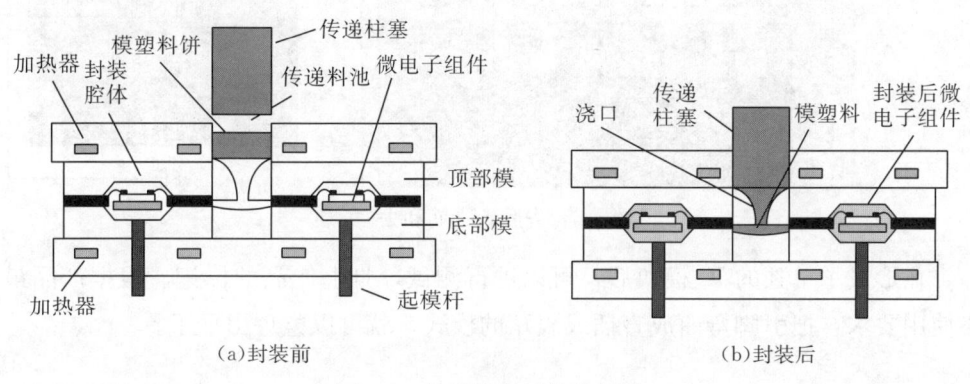

图 4-5 传递模塑封装示意图

传递模塑用的模具多为工具钢制成的上下两扇模，表面镀铬或氮化钛，而且是数百个型腔做在一套模具上，以便于一次模铸成型数百件塑料封装块。

一旦塑料被注入模具中，原料之间就开始反应，分子量增大，黏度增加，分子链形成网络结构，网络的形成会导致黏度迅速增加，形成凝胶，从而固化。

目前广泛应用的封装塑料主要是环氧树脂塑料及其相应的固化剂，并用无机物做填充料，另外，酚醛塑料、聚硅酮、硅树脂等也有使用。

6. 电镀

进行模塑封装后的引线框架，为了使其达到改善外观、提供易焊表面、增加抗腐蚀能力的目的，需要在框架表面镀锡。铜框架容易被高温氧化，经酸洗去除表面氧化层，再对引脚进行电镀，框架表面会根据不同焊接要求被镀上一层锡铅合金或纯锡，铜黄色的框架已经变成了银白色。镀锡便于以后焊接，同时也可以避免温度变化所造成的腐蚀。对所有无铅电镀产品而言，需要在电镀后放进温度为150℃的充氮气的烘箱中烘烤1小时，然后放在氮气柜中冷却20分钟，才能进行下一工序。

7. 切筋成型

切筋成型包括去胶、去筋和去框(图4-6)，目的是把引脚间不需要的引线连筋及部分胶体凸出部分去掉，将电镀后连在引线框架上的一连串的IC分割为独立的产品。切筋主要由装配在成型机上的级进冲压模具完成器件的分离和管脚成型工作。

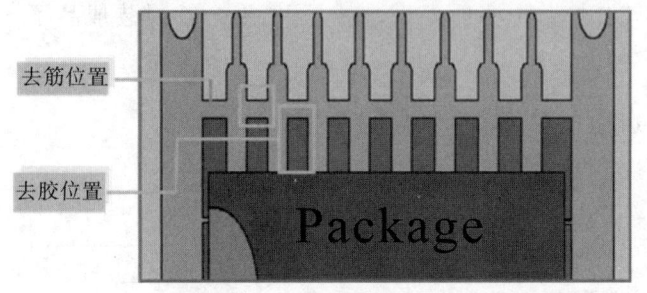 

图4-6 去胶、去筋和去框

在形成了单独的IC模块后，可以进行测试，打上产品的标记。根据产品最终使用要求，把引脚弯曲成直插或表贴的模式，就可以整理出厂了。

4.2 塑封用材料

4.2.1 引线框架

1. 引线框架的制造

引线框架的主要作用是承托芯片和外引管脚，在半导体器件与PCB之间起连接作用，将器件功能传输至PCB的金属介质。框架材料的选择有4方面的要求：高导电性、高导热性、良好的热匹配性、良好的耐热性和抗氧化性。

引线框架基材的主要成分有两种，铜合金或铁镍合金(Alloy 42)，铁镍合金为低CTE合金，CTE为5×10^{-6} m/K，铜的CTE为7.5×10^{-6} m/K。对于小尺寸的芯片，引线框架采用综合性能优异的铜合金为主导材料。而一般的芯片选用铁镍合金作为引线框架，其表面镀铜。为了防止引线框架表面失效，不允许引线框架的表面有微小的材料残余，生产和运输过程应防止表面污染和氧化。表面镀铜后其导电率及导热度都极佳，经过加工而增加其强度的铜可分为软质、1/4 硬质、1/2 硬质等。在引线框架芯片基座的正面及引脚上，会镀上一层银，以利焊线制程时金线与银层的共晶结合。

常用的引线框架材料的性质如表 4-1 所示。

表 4-1 常用的引线框架材料

合金名称	符号	组成	电阻 $\mu\Omega\cdot cm$	热导 $W/(m\cdot K)$	CTE $10^{-6}/K$	0.2%变形屈服强度 MPa
Cu-Fe	C19400	2.35Fe-0.03P-0.12Zn	2.54	260	17.4	475
	C19500	1.5Fe-0.8Co-0.05P-0.6Sn	3.44	200		
	C19700	0.6Fe-0.2P-0.04Mg		320		450
	C19210	0.10Fe-0.034P	2.03	340		380
Cu-Cr	CCZ	0.55Cr-0.25Zr	2.03	340		430
Cu-Ni-Si	C70250	3.0Ni-0.65Si-0.15Mg	4.31	160	17.2	620
	KLF125	3.2Ni-0.17Si-1.25Sn-0.3Zn	4.89	140		
	C19010	1.0Ni-0.2Si-0.03P	2.87	240		585
Cu-Sn	C50715	2Sn-0.1Fe-0.03P	4.89	140		550
	C50710	2Sn-0.2Ni-0.05P		120	17.8	450
Cu-Zr	C15100	0.1Zr	1.81	380	17.6	380
Cu-Mg	C15500	0.11Mg-0.06P	1.99	344		
Fe-Ni	ASTM F30 (Alloy42)	42Ni-58Fe	70	12	4.0～4.7	620
Fe-Ni-Co	ASTM F15 (Covar)	29Ni-17Co-54Fe	49	40		

从理论上讲，IC 中各组成部分的 CTE 越接近越好，这样可以避免在温度变化下产生不平衡应力分布。引线框架的 CTE 在塑封料玻璃化前和玻璃化后相差很大。所以在玻璃化温度后，框架和塑封料之间存在不平衡的应力。要消除这种不平衡，一种办法是寻找 CTE 相近的材料，使得在任何温度下都能应力平衡；另一种办法是增强塑封料和框架间的黏合力，使其远远大于不平衡应力。

用来制作引线框架的铜合金条带是铜锭经热轧碾压所形成的 12.5 mm 厚的铜板，然后经过冷轧形成最后的厚度，比如 0.25 mm 厚的塑料封装用的条带和 0.1 mm 厚的用于多引线表面安装的条带。铁镍合金也采用同样的过程，即先浇铸成段状的坯料，然后热锻造，再冷轧成所需要的金属薄片带。

在冷轧过程中，有好几个阶段需要做热处理，尤其是最后阶段的热处理，热处理退火软化，以便进一步冷轧，最后阶段的热处理使合金产生韧性和强度以及加工性能。剪切后的合金条带的热处理是为了消除残余应力。

金属条带表面需要清理，一般是采取打磨、研磨和布擦拭的方法消除表面氧化层，消除热压和热轧时产生的表面缺陷。根据加工方法不同，最后的冲压合金条带剪切成 25~100 mm 宽的卷带，用光刻加工的金属条带为 200~400 mm 宽和 0.3 m 长。

为了保护制造完好的金属条带，要在条带的表面轻轻地涂一层聚合物保护膜，在做卷带时，金属条带之间还要夹带特殊隔离纸，最后放在充有氮气的塑料容器中保护起来。

得到金属条带后，就要进行冲压或光刻来制造精细的引线框架了。一般来说，引线框架的最后产品是无数个引线框架连接在一起的引线框架带。

冲压制造适合大批量快速生产，但是冲压模具的制造时间长、成本高，需要 20 吨压力以上的冲压机，冲压模具头要用碳化钨材料制造，每分钟冲击 1000 次以上。

冲压成型用的金属带要有柔性，可弯曲又不至于被撕裂。值得一提的是，压延成型的金属带的冲压柔性有方向性，可弯曲最小半径（MBR）越小，其柔性越好。金属带在垂直于碾压伸展方向，即纵方向的 MBR 往往比横方向的低。冲压时是否产生毛刺与合金的组成有关，单相合金较倾向于产生毛刺。金属条带尺寸的精确度也是很关键的，引线架条带的厚度误差不得超过±3%，宽度误差不得超过±0.075 mm，条带的中央不得起拱，长度方向的卷曲误差要小于 3~6 mm，这与金属引线框架条带的厚度、宽度和金属的韧性有关。

光刻制造引线框架的整个过程与 TAB 中使用的载带的制造过程一样，都是先将铜箔片表面覆盖光刻胶，用精细制造的玻璃或胶片做底片，用紫外线感光，在铜片上冲洗加工出引线电路图形，然后用氯化铜或氯化铁做侵蚀剂，在薄铜片上侵蚀加工出引线框架。制成的铜引线框架往往卷在卷轴上备用。

引线框架的腐蚀成型方法铜合金带和铁-镍合金薄带都可以采用，相比之下，铜合金带更适合用化学腐蚀方法加工。对于表面安装的 IC 来说，引线框架带的平整度和尺寸精度是非常关键的。

另外，生产当中产生的残余应力，尤其是在边缘处的应力必须要达到最小。有大量狭缝的引线框架边缘上的应力不仅导致引脚内部端头的平面位置变化，也会影响其垂直方向的平整度。

引线框架必须有好的表面质量，因为金属引线最后需要镀银、镀锡等，所以要求表面干净光滑，如果有飞边(slivers)、小坑、划痕等缺陷，就得不到好的镀层，比如产生起泡等质量问题，会影响金属引线框架的质量。

镀膜工序对金属片的清洁和光滑度要求较高，表面粗糙或容易分相的合金可能导致镀膜的不均匀及脱片。用放大镜观察和在450℃烘烤温度下做脱片实验，可以检查膜层的表面质量。

引线框架材料电性能方面的要求不高，这是因为多数器件封装的电流都很小。但是，对于大功率器件的封装来说，引线框架材料的导电性能就必须加以考虑。在塑料封装中，引线框架也起到将芯片的热量传导到外界的散热作用，用铜合金引线架代替铁-镍合金引线框架，就会明显地提高封装的散热能力。在塑封中，铜和铁-镍合金(合金42)都与酚醛环氧树脂附着良好。外引脚的成型是在塑料密封之后剪切弯曲成型的。

铁镍合金的引线框架条带可以用在双列直插式的气密性陶瓷封装中，在做完芯片贴装后要用玻璃密封。这种引线框架的内部端头位置会有一条化学蒸发镀铝的区域，使引线框架的引脚内端头的焊接点镀铝，这样一来就可以用铝丝进行芯片键合。引线框架用在陶瓷封装中时，在冲压成型的同时就将引线弯曲成型。

芯片的贴装键合要求引线框架材料承受150~250℃的温度，而在陶瓷封装中的温度更高，达450℃，因而要求引线框架材料有一定的高温强度，并且附着性良好，要考虑引线框架与玻璃封接的因素。对于陶瓷封装来说，散热主要靠陶瓷基片的传热，引线框架的散热作用不明显。

2. 引线框架材料的性质

理想的引线架合金应该具有铜合金那样的高导电性能、高导热性能、强抗腐蚀性能和好的焊接性能，同时又要有像合金钢42(Alloy42)那样低的CTE、高强度好的成型性能。

无论从强度上还是从功能上讲，合金都要比纯金属好。选择适当的合金组成可以得到所需要性能的引线框架材料，而通过对金属的加工，如锻造、拉伸、碾压等，也能提高引线框架材料的强度和性能。为了选择同时具有强度和柔性的引线框架材料，往往要牺牲一些引线框架材料的导电和导热性能。

绝大部分塑料封装用的引线框架材料为铜合金。由于芯片是放在引线框架中的小片上，因此为了降低与芯片贴装后产生的应力，引脚架金属的 CTE 要尽量低，即接近芯片的 CTE。同时要选用导热性能好的金属，因为芯片所产生的热量要靠引脚架来散热。虽然合金钢 42 的 CTE 较小，可是它的导热系数只有铜的二十分之一，所以要求较大散热时，多用铜合金做引脚架。而铜合金的 CTE 又与玻璃纤维树脂层压板的 CTE 相匹配，所以电路板的焊接用铜合金引脚对要比合金钢 42 好。

而在陶瓷玻璃密封封装中，主要是用合金钢 42 来做引线架，这是因为它的 CTE 与氧化铝陶瓷的相匹配，同时又能满足陶瓷密封中高温封装的工艺要求。

随着封装技术的发展，引线框架材料的发展目前主要集中在两个方面：一个是通过改进引线框架的表面状态，通过表面处理、表面涂膜等来提高引线框架与密封材料之间的黏结质量，特别是与塑料密封之间的黏结；其次是降低由于引线框架与芯片之间的 CTE 不匹配，而加在芯片上造成的应力，即选择或设计引线框架材料使其 CTE 与芯片相匹配，同时又不牺牲铜合金良好的导热性能，例如在玻璃密封的封装中用铜合金做引线框架，通过改良密封玻璃的性质，使玻璃的 CTE 与铜合金的 CTE 相匹配，从而得到传热良好的密封封装。

4.2.2 塑封用聚合物

塑封料在电子封装材料中用量最大、发展最快，是实现电子产品小型化、轻量化和低成本的重要封装材料。塑封料以其成本低、工艺简单和适于大规模生产的特点，在 IC 的封装中独占鳌头，广泛用于各种消费类电子产品。近十年来，聚合物材料的飞速发展和模塑方法的改进，使聚合物材料封装的可靠性得到巨大的提高，几乎可以通过与陶瓷材料封装相同的可靠性测验。目前，塑封 IC 已经跨入部分军用领域，替代了部分常规武器的陶瓷和金属封装，促进了单兵武器系统、无人机系统等要求轻量化和高密度化装备的快速发展。

随着 IC 线宽越来越小，集成度越来越高，以及 SMT、BGA、MCM 技术的广泛应用，对塑封料的性能要求也越来越高。为了满足封装的要求，塑封料应具有以下性能：①由高纯材料组成，离子型不纯物极少；②与器件及引线框架的黏附力好；③吸水性、渗水性低；④内部应力和成形收缩率小；⑤CTE 小、热导率高；⑥成形、硬化时间短，脱模性好；⑦流动性及充填性好，飞边少；⑧具有良好的阻燃性。

单纯的有机聚合物已经无法满足以上要求，因此目前采用的塑封料是有机材料与无机粉料的复合体，其中无机粉料占到了整个塑封料的 70% 左右。图 4-7

以环氧树脂为例，标示了塑封料和有机材料中各部分的大致组成含量。有机聚合物一般是有机单体通过聚合反应形成的，分子量可以达到几十万甚至上百万。

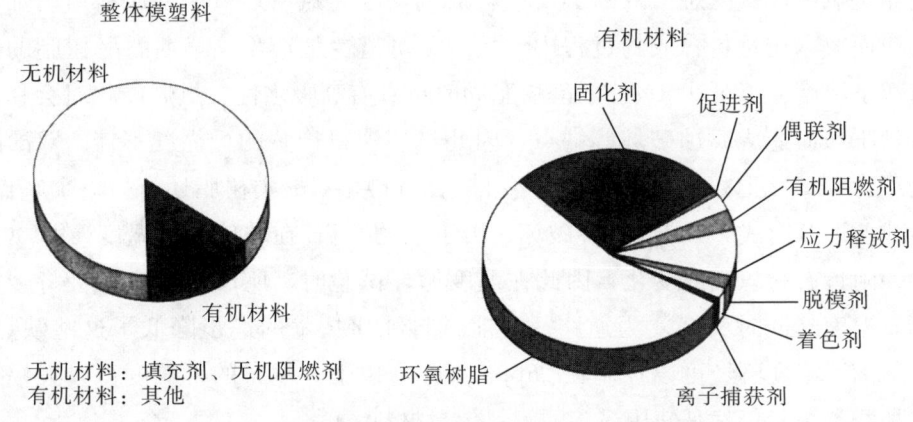

无机材料：填充剂、无机阻燃剂
有机材料：其他

图 4-7　塑封料和有机材料中各部分的大致组成含量

聚合反应分为加聚反应和缩聚反应。加聚反应即加成聚合反应，凡含有不饱和键（双键、三键、共轭双键）的化合物或环状低分子化合物，在催化剂、引发剂、辐射等外加条件作用下，同种单体间相互加成形成新的共价键相连的大分子的反应就是加聚反应。加聚反应过程中不会产生副产物。

缩聚反应是指具有两个或两个以上官能团的单体，相互反应生成高分子化合物。通常是官能团间的聚合反应，反应中有低分子副产物产生，如水、醇、氨等。缩聚反应兼有缩合出低分子副产物和聚合成高分子的双重含义，反应产物称为缩聚物。

有机聚合物分为热塑型和热固型两种。热塑型聚合物指加热后材料变软，可进行加工，冷却后再加热依旧变软的材料，这是因为加工后材料内部没有进行交联反应，如 PVC（聚氯乙烯）等。热固型聚合物是指热加工冷却完成后再加热却不会再变软的材料，原因是在加工过程中材料进行了交联反应，形成立体网状结构，如环氧树脂等。

虽然热塑性塑料可以再利用，材料成本低，但却很少被用来密封微电子器件，一方面是由于它的加工温度高，模塑压力大；另一方面是由于它的纯度不高，潮湿环境下的可靠性不好。塑封料所使用的聚合物主要是通过加聚反应形成的热固型塑料。

热固型塑料主要包括酚醛类、聚酯类、环氧类和有机硅树脂。其中应用最广泛的是环氧树脂材料，约占 90%。酚醛树脂、双酚醛树脂、硅胶树脂等为塑料构装常见的密封成型材料,它们均有优异的铸模成型特性,但也各有影响构装可靠度的缺点。酚醛树脂可由酚类与甲醛在酸的环境中反应合成;环氧类酚醛树脂是氯甲环氧丙烷与双酚类反应合成的,因为氯甲环氧丙烷原料由丙烯与氯反应而成,在材料合成的过程中,盐酸无可避免地产生,早期酚醛树脂的残余氯离子浓度甚至可达3%。酚醛树脂同时也具有高吸水性、烘烤硬化时会释出氨气(NH_3)而造成腐蚀破坏等缺点,因此早期塑料构装的可靠度不佳。双酚醛类树脂为20世纪60年代最普遍的塑料构装材料,双酚类树脂还有另一个缺点,会造成所谓开窗式(windowing)破坏,由于它的CTE在玻璃转换温度(约100~120℃)附近有一急剧的变化,因此在温度循环试验时,所产生的应力会将金丝拉断,温度降低时又恢复为通路。目前材料纯化技术的进步降低了这些缺点,残余氯离子浓度已经可以控制在25ppm(10^{-6})以下,塑封的可靠度得以大幅提升,酚醛类树脂仍然是使用最多的塑料包封材料。

目前广泛应用的封装塑料主要是环氧类酚醛树脂及其相应的固化剂,并用无机物做填充料,它的性能好,密度高,玻璃转化点(T_g)高;作为环氧类塑封料的环氧模塑料(EMC)是由酚醛环氧树脂、苯酚树脂和填料(SiO_2等)、脱模剂、固化剂、染料等组成。铜合金和铁-镍合金都与酚醛环氧树脂黏附良好,不会出现剥离。

硅树脂等也在某些领域得到使用。硅树脂塑封料是由硅树脂、填料(SiO_2)、脱模剂、固化剂、染料等组成。硅树脂中没有残余氯离子的困扰,并且具有吸水率低、玻璃化温度低、电性能优良、耐热性佳、材质光滑易从模具中脱离等优点。然而,光滑的材质也使硅胶树脂与IC芯片及引脚间的黏附性质不佳而易导致分离,所衍生的不良密封性使水汽极易侵入,焊锡也容易在组件与电路板焊接时渗入而造成短路。

本节主要介绍环氧模塑料和有机硅类树脂。

4.2.2.1 环氧树脂材料

在众多的聚合物当中,环氧树脂(epoxy resin)是品种最繁多的合成树脂。环氧树脂在近几十年里发展迅速,其环氧树脂的品种、产量逐年增长,形成了许多新型的环氧树脂品种。由于环氧树脂及其固化体系具有一系列优异的性能,因此除了应用于微电子器件的封装外,还可用做黏合剂、涂料、焊剂和纤维增强复合材料等的基体树脂。

环氧树脂是分子中含有两个或两个以上环氧基($\overset{O}{\underset{-CH-CH-}{\triangle}}$)的线性

有机高分子化合物的总称，其中包含有很多类型。环氧树脂可与多种类型的固化剂发生交联反应而形成高度交联的三维网络聚合物。由于环氧树脂具有较强的黏结性能，力学性能优良，耐化学侵蚀性、耐大气污染性、电绝缘性好以及尺寸稳定等特点，是聚合物基复合材料的主要基体之一。

环氧树脂以其优异的特性，在封装材料中得到了广泛的应用，其特性主要有以下几点：

(1) 由于环氧树脂与固化剂的反应属于加成聚合，一般来讲收缩率比较小，没有副产物，因此材料内部的应力比较小，能避免气泡空洞的产生。

(2) 具有优良的耐热性，能满足一般电子、电器对绝缘材料的要求。

(3) 具有较好的气密性，在这一点上优于大多数有机材料。

(4) 具有优良的电绝缘性能，这也是不饱和聚酯树脂和酚醛树脂等一般热固性树脂达不到的。

(5) 基于配方中固化剂和促进剂的选择，配方可千变万化，从而具有各种不同的性能，以满足各种不同的要求。

由于环氧树脂是热固化的，或者说是可以交联键合的，所以每一个树脂分子就必须有两个以上的环氧基。最普遍的环氧基是 1-2 环氧或阿尔发环氧基（α-Epoxide），化学结构为

$$CH_2 \overset{}{\underset{O}{\diagdown\diagup}} CH-CH_2$$

它被叫做缩水甘油基，当它通过一个氧与树脂的分子相连时就是甘油醚。通过一个碳原子与树脂分子相连时就是甘油酯，而通过一个氮与树脂相连就是胺。

4.2.2.2 环氧树脂的塑封料组成

1. 环氧树脂

在电子器件中，最常用的环氧树脂有双酚的二缩水甘油醚（DGEBA 或 DGEBF）、酚醛环氧树脂树脂、邻甲酚醛环氧树脂、脂环族的环氧树脂，它们作为塑封的基体材料，起到黏结剂的作用，占塑封料的 20~30 wt%。

2. 固化剂和促进剂

塑封中使用的环氧树脂为液态，具有流动性，在注满型腔后，要求线性的环氧树脂形成交联，尽快固化，就需要固化剂和促进剂。环氧树脂的固化是由

环氧树脂中的环氧基与固化剂中的多个活化氢原子反应而形成交联键合来实现的。所有的环氧树脂都含有环氧基、乙环氧基或环氧乙烷基。树脂通过环氧基团与包含各种活性氢原子(固化剂)的化合物，如胺、有机酸酐及路易斯酸反应，实现固化。固化剂的添加量要保证环氧树脂能够完全交联，把没有成键的活性基团数量降至最低，实现良好的电性能，提高封装可靠性。固化剂和促进剂的含量占塑封料的 $10\sim15$ wt%。

胺类固化剂包括脂肪胺、环脂肪胺、芳香族胺三个基本类别，有机酸酐类固化剂包括邻苯二甲酸酐、均苯四甲酸二酐、六氢苯酐。固化剂还包括路易斯酸、酚醛树脂和邻甲酚醛树脂。

环氧树脂的固化是由环氧树脂中的环氧基与固化剂中的多个活化氢原子反应形成交联键合来实现的。

适当的温度下，塑封料的环氧官能基与硬化剂产生联结反应及固化反应。在固化反应过程中，树脂转化率渐增，同时联结反应会伴随大量反应放热，提高材料温度、加速反应速率。当达到凝胶化点(gel time)时，材料会由液态转变成固态而硬化成型，直到完全熟化。

环氧树脂本身是一种线性高分子树脂，单纯的环氧树脂是没有使用价值的，加成聚合中，固化剂本身参加到三维网络结构中去。在使用时必须加入固化剂，使线性环氧树脂分子交联成网状结构的大分子，成为不熔不溶的热固性环氧树脂体系，才能显示出其固有的优良性能。

芳香胺是具有活性基团的加成聚合型固化剂。加成聚合是指在固化过程中，芳香胺中活泼氢与环氧树脂中环氧环进行加成聚合反应。伯胺与环氧树脂的反应一般认为是连接在伯胺氮原子上的氢原子和环氧基团反应，转变成仲胺，其反应式见图 4-8。仲胺再与另一个环氧基反应生成叔胺。伯胺与环氧树脂通过上述聚合反应逐步交联成复杂的体型高聚物。

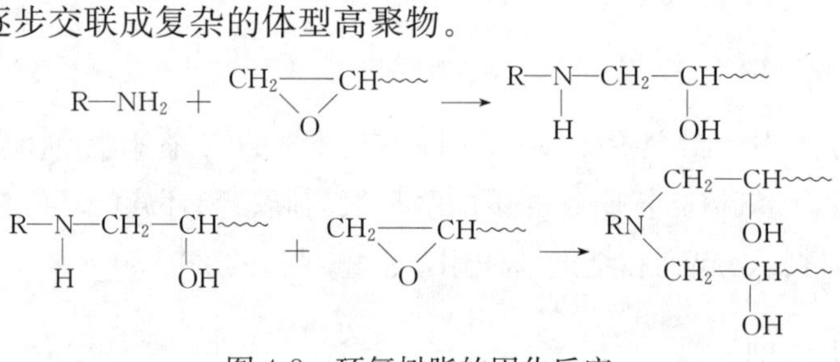

图 4-8 环氧树脂的固化反应

为了在合理的时间内提升固化速度，有必要使用促进剂。促进剂通过提高催化活性来缩短固化时间和提高效率。典型的促进剂包括脂肪族多胺、叔胺、苯酚、壬基苯酚、间苯二酚或半无机衍生物促进剂，如亚磷酸三苯酯。

为了微电子器件的传递模塑，环氧树脂通常是部分固化的聚合物，称为 B 阶树脂，也称作预聚物。B 阶树脂通过环氧化物的末端和胺肼在 70~80℃反应生成，该树脂具有优异的储存稳定性。在压力和温度作用下，B 阶树脂会软化流动，最后成为凝固状态的完全固化了的环氧树脂，完全包裹住芯片和引线框架。

3. 填充剂

环氧树脂中的填充剂是无机粉末，包括二氧化硅、氧化铝、氮化铝等。填充剂是添加到塑胶中的一种相对惰性的材料，用来改善强度、性能、工作特性及其他品质或降低成本。环氧树脂由于其高 CTE 和低热传导率，不能单独作为塑封材料。因此，添加到塑封料中的惰性无机填充剂一般用来减小 CTE、提高热传导率、提高弹性模量、防止树脂溢出塑料模具的分型线，并且在固化时减少塑封料的收缩应力，这样可以降低残余的热机械应力。填充剂的含量占塑封料的 70 wt%甚至更多。

大多数聚合物在聚合反应及交联反应过程中会收缩，应用于封装中会造成缺陷。用不参与交联反应的无机粉末代替部分树脂作为填充剂会减少收缩。加入填充剂可以使树脂的黏度增加及韧性改善。研究表明，微粒填充剂如二氧化硅、玻璃微球和氧化铝的添加会提高不同组成的环氧树脂的韧性。

早期的填充料以晶体氧化硅（石英）为主，它的导热性好，硬度高，表面光滑，填充的比例可以很高，能达到配料的 75 wt%，线性膨胀系数可以达到 11×10^{-6} W/K，导热系数达到 2 W/(m·K)。后来发现熔融石英作为填充料可以进一步减小线性膨胀系数，熔融石英是密度较低的无定形二氧化硅。一个具有与上述配料相似性质的封装配料可以加 68 wt%的重量比的熔融石英，其线性膨胀系数为 0.5×10^{-6}/K，导热系数达到 1.6 W/(m·K)。由此可以大幅度降低封装材料的 CTE，使之与芯片的硅材料接近，避免在使用过程中由于工作温度的变化，环氧树脂过度伸缩，使芯片破裂。其他填充料还包括片状的氧化铝，也被广泛用来调节封装料的膨胀系数和导热性能。

从微观结构看，无机粉末的形状、尺寸、粒度分布及表面化学性质影响熔融塑封料的流变特性，其中球形的熔融石英粉有助于改善塑封料的流动性。填充料的加入增加了塑料的硬度，也就增加了塑料产生应力集中的可能性。另一方面，如果填充料与塑料之间的黏结性不好，塑料对水分的抗渗透能力也就降低了，可以用提高黏结能力的偶联剂来处理填充料，促进颗粒表面与塑料之间的键合。

塑封器件中的放射性辐射主要来自填充剂。α粒子由放射性元素产生,它穿过芯片会造成电荷积累,导致数字电路翻转而误触发,自然界开采提炼的无机材料作为填充剂很容易混入微量的放射性元素。但是近年来,由于使用合成的高纯度 SiO_2 作为填充剂,塑封料的α粒子辐射率(AER)降低,低于大多数正比计数器所测得的水平,因此提高了可靠性。

4. 偶联剂

填充剂和聚合物之间的黏附力一定要足够强才有效。填充剂-聚合物界面机械强度差,是裂纹等缺陷的发源地。偶联剂通过共价键连接无机粉末与聚合物来增加两者之间的黏附力。常用的偶联剂包括有机硅烷、钛酸盐、铝螯合物和铝酸锆。界面黏附力能增强材料的机械强度并改善工艺性。通过偶联剂的作用,填充剂与聚合物网络的黏附力也延伸到芯片和引线框架,降低了分层失效。因此,偶联剂可以提高封装料的机械性能和抗潮湿能力,减少潮湿气的渗透速率。偶联剂的含量在整个塑封料中不足 1 wt%。

5. 应力释放剂

应力释放剂具有塑化剂的特征,可以降低热机械收缩应力,该应力会引发或扩展在塑封料或芯片钝化层内产生的裂纹。通过加入增韧剂及应力释放剂,可以增强环氧树脂的韧性及应力松弛作用、降低弹性模量、增加柔韧性并降低CTE。应力释放剂的含量在整个塑封料中不足 1 wt%。

在环氧塑封料中,主要的应力释放剂是硅树脂、丁腈橡胶及聚丙烯酸丁酯(PBA)。硅橡胶以其高纯度及高温特性成为最受欢迎的应力释放剂。用聚甲基丙烯酸甲酯(PMMA)改进的硅橡胶界面具有均匀的区域尺寸($1\sim100\ \mu m$),可以防止钝化层开裂、铝线变形及断裂。

6. 阻燃剂

因为环氧树脂本身是易燃的,所有的塑封料都被加以改造以提高阻燃性能、防止燃烧并改善元器件的储存寿命。传统的阻燃剂是在环氧树脂主链中引入卤族元素(如溴)以及添加三氧化二锑来达到阻燃效果。最重要的一种阻燃剂是溴化 DGEBA(双酚A-二缩水甘油醚),使用时把它添加进常规环氧树脂中混合,作为黏结剂。在燃烧分解时,溴游离出来与氧化锑反应形成各种卤氧化锑,它们是重气体，密度大于空气。反应热以及反应形成的重气体的毯式覆盖效应使得火焰前沿的助燃氧气减少，起到熄灭火焰的作用。但是含溴阻燃剂对环境有毒害作用，因此逐渐被限制使用或被环境友好型的塑封料所取代。

目前人们通过改变环氧树脂的内在结构改善阻燃性，例如采用含有更多芳香环的环氧树脂作为塑封料；另外提高无机填充剂的含量，也就相应减少了有机聚合物的百分比，也可以改善阻燃性。

由于塑料封装料直接接触器件表面，金属尤其是铝的腐蚀问题必须加以重视。所以要慎重地选择含有卤素和氧化锑的原料，并选择最佳的配比量。阻燃剂的含量占整个塑封料的 4 wt% 左右。

7. 脱模剂

对于多数固体材质，环氧树脂的表面黏附性都相当好，包括金属模具，因此环氧树脂与模具直接分离非常困难。脱模剂有助于环氧树脂与模具直接分离，并且不会降低树脂对芯片等的黏附性，这可以通过控制脱模剂的活性来实现，它的活性与温度有关。选择哪种脱模剂要由制作模具的材料以及选择的封装类型来决定。脱模剂的含量在整个塑封料中不足 1 wt%。

另外，所使用的脱模剂不能影响塑料与引线框架金属之间的黏结能力。环氧塑封料中的脱模剂有硅树脂、烃蜡、有机酸类的无机盐及碳氟化合物。其中，烃蜡如巴西棕榈蜡在环氧塑封料中最常用。硅树脂及碳氟化合物对于脱模温度选择性差，有机酸盐会腐蚀金属封装部件，都不常用。

8. 着色剂

多数半导体器件都对光敏感，因此塑料封装应避免光的透射。尽管炭黑能够轻微地提高环氧的电导率并且降低耐湿性，但它还是用在大多数塑封料封装硅 IC 上。为了避免环氧树脂吸潮及杂质的影响，炭黑的浓度通常小于 0.5 wt%。

目前，在塑料模塑料中往往还要加入一些耦合剂（也叫偶联剂），它们多半是硅烷一类的材料。耦合剂会在无机的填充料颗粒表面包上一层膜，并与填充料表面和黏连组分反应。耦合剂可以提高封装料的机械性能和抗潮湿能力，降低潮湿气体的渗透速率。

表 4-2 是对塑封料各组成部分的总结。

表 4-2 塑封料的基本组成及作用

	组分(比例)	主要作用
聚合物	塑封料(5%~20%)	基体树脂,聚合,连接
	固化剂(3%~10%)	交联反应
	耦合剂(<1%)	无机物和有机物的桥梁
催化剂	固化促进剂(<1%)	加快交联反应速度
填充剂	填料(70%~92%)	提高物理性能,降低膨胀系数、吸水性和成本
添加剂	脱模剂(<2%)	提高脱模性能,改善流动性
	阻燃剂(<3%)	提高材料的阻燃性能
	着色剂(<0.5%)	染色
	离子捕捉剂(<1%)	降低游离的 Cl^- 等杂质含量
	应力吸收剂(<2%)	弹性体降低材料的膨胀应力、角应力
	黏结剂(<0.5%)	提高材料与其他金属的黏结力

4.2.2.3 有机硅树脂

有机硅树脂(silicone)也叫硅酮、聚硅酮或硅橡胶(silicone rubber),是最常用的敷形涂覆材料。它的主要构成为$[Si(CH_3)_2-O]_n$(polydimethylsiloxane)聚二甲基硅氧烷。

硅有机树脂的最大用途是在PCB的表面涂覆,同时也用作混合IC和芯片的涂覆料。它良好的热、电和机械性能使其具有广泛的应用价值。

硅有机树脂有很好的热和电的性质,它在很宽的温度范围内都有突出的热稳定性及稳定的机械和电性能,并且它有非常好的抗氧化性,是最好的抗臭氧的材料之一。

有机硅树脂可以长期承受200℃,或短期承受250℃的温度而不会出现变质或变脆的现象。同时,即使在-45~-55℃的低温条件下,它仍然保持柔性。如果是苯基硅树脂,承受温度的上下限还会更大。由于有机硅树脂的承受温度范围宽阔,加上它的柔性体特性,使它成为那些对热循环应力和焊接工序敏感的电子器件涂覆料的最佳选择。

涂覆料的弹性模量越大,热循环作用力越大,这种力可以削弱甚至破坏锡焊接点。一般来说,硅树脂具有较高的CTE,但它却有较低的弹性模量,这就可以抵消因较大的CTE所可能造成的大应力。

硅树脂的敷形涂覆层的物理性质主要取决于其树脂本体及其配料组成。硅树脂的拉伸强度、剪切强度和抗磨损能力都比聚氨酯和环氧树脂低。

有机硅树脂有很好的抗潮湿性能,特别是在高温下,其抗潮湿能力更显著。硅树脂不会被水湿润,可以用做垫片和浴池浴盆的填缝材料。

除了环氧树脂和硅树脂以外,常用微电子封装聚合物材料还有聚氨酯和酚醛树脂,常用微电子封装聚合物材料的性能见表 4-3。

表 4-3　常用微电子封装聚合物材料的性能

聚合物材料	优点	缺点
环氧树脂	良好的化学防护性能和机械防护性能 低吸湿性 适用于所有的热固性工艺过程 良好的润湿性能 常压下的固化能力 在多种环境下对多种基材具有良好的黏附性 高达 200℃ 的热稳定性	高应力 潮湿敏感性 储存寿命短(低温储存条件下可以延长)
硅树脂	低应力 优异的电性能 良好的耐化学腐蚀性 低吸水性 高达 315℃ 的热稳定性 良好的抗 UV 特性	拉伸剪切强度差 高成本 易受含卤溶剂的腐蚀 黏附性差 固化时间长
聚氨酯	良好的机械性能(韧性、弹性、耐磨损) 黏度低 低吸湿性 能够在环境温度下固化 135℃ 内的热稳定性 低成本	热稳定性差 耐候性差 易燃 深色 高离子浓度
酚醛树脂	高强度 良好的模塑性和尺寸稳定性 黏附性强 高电阻率 260℃ 内的热稳定性 低成本	高收缩性 电性能差 高固化温度 深色 高离子浓度

微电子器件的塑料封装配料选择,要满足热膨胀特性、气密封装性能和其匹配性能要求。

塑封材料的线性膨胀系数随温度的变化远远大于基板的膨胀系数随温度的变化。同时,当温度高于 T_g 时,环氧树脂的膨胀系数就可能增加 2~4 倍。

不同的热膨胀对封装的影响不同,严重时会导致封装的破裂。由于热膨胀不匹配而引起的内应力有时会使陶瓷断裂,甚至会使芯片本身断裂。即使在中等内应力下,由于半导体器件本身的压电本性,也会影响到芯片的功能。由于不良的黏结和封装内部破裂而导致的封装器件的位移会使 IC 的互连接损坏。

塑料封装和芯片之间的导热性差别很大,封装件内部中心温度的变化要比封装的外表变化快得多,所以由于温度差造成的热膨胀的不同就引起内应力。

由于芯片键合的金丝封埋在塑料封装体内,所以这种应力对于电子器件的可靠性影响很大。

塑料封装的散热是很重要的,虽然大部分热量是通过金属引脚架散发到外界的,但是塑料封装体本身的导热性对于芯片的散热影响也非常大。

气密性能(hermeticity)是塑封非常重要的性质。塑封中的残留氯化物以及其他游离离子会造成封装的绝缘性能降低,可能引起电阻、电容和其他器件漏电,并造成未钝化的金属部件腐蚀。大量地降低环氧树脂中的氯化物含量可以明显地改善器件的气密性。标准测试条件(温度85℃和相对湿度85%)下,有效寿命只有几千小时的器件,经过几年来不断降低树脂中的氯含量,寿命往往达到几万小时。

最早期的塑料封装件为双列直插式封装。那时的可靠性问题主要是腐蚀问题,经过多年的努力,腐蚀问题基本上得到了控制。发展到现在,封装的应力和应力集中变为主要的问题。通过降低塑料封装材料的CTE,使其接近硅芯片的CTE,会大大减少应力问题。另外,通过对塑料的改良,能降低塑料封装料的弹性模量,同时又保持较高的玻璃转化点(T_g),改善应力问题。通过加入少量的硅树脂,即将有机硅树脂加入环氧树脂中,可以大大减缓应力和应力集中。

模塑封装的固化是在180℃左右,大约60%~90%的树脂固化。脱模后的模块经再固化,余下的树脂完全固化。保证封装树脂的彻底反应和完全固化才能得到所要求的高T_g、高强度及低透气性的封装块。固化后的封装块所带的引线脚框架要经过冲切、剪齐,并将引脚加工成所要求的形状,如J形引脚、翼形引脚等。

4.2.3 COB 技术

COB(chip on board)技术是指将IC裸芯片直接与多层PCB相连的技术,也称为顶部包封技术。

一般来说,将安装在PCB上的器件或器件组合可以直接与印制板密封,所用的密封胶往往是非常黏稠的液体,呈胶体状或膏状。

这种封装多半用热固塑料来做,以环氧树脂和硅酮为主,并添加无机的填充料。这种方法多用在不太贵重的一次性器件的密封上。因为这种密封的热膨胀较高,密封材料的纯度也不够高。

直接密封用的液态胶常常是装在注射器中配好的冷冻液。在配制时,树脂和固化剂要在低压和强搅拌下混合,充分地排除气泡,以具有较高的均匀性。

可以用这种液态胶将印制板上的器件密封成贴在板上的封装块;可以做成具有柔性的、摊在电路板上的水滴形封装,常用硅酮或聚氨酯来做这种软柔性的封装。具体做法是：将清洗干净并且测试合格的芯片安装在 PCB 上，然后用注射器将密封胶施加到芯片上，将芯片完全包裹住并与 PCB 形成完全密封；形成无空隙、有一定厚度、凝聚在芯片周围并且不会外溢的滴状密封。在固化过程中，这种密封具有触变性，使密封加工容易。COB 技术结构如图 4-9 所示。

有时在密封胶中加入溶剂来调节黏度和流动性，改善密封胶对器件和印制板的紧密黏附

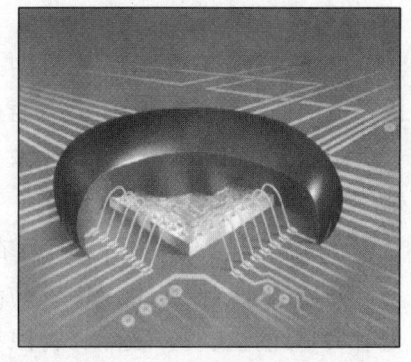

图 4-9 COB 技术的结构示意图

性能。在这种情况下，要选择合适的固化条件，先要缓慢地固化，使溶剂能充分地挥发和排出后再加速固化，保证密封胶变成硬塑料时不形成空穴。

在印制板上密封芯片时，符合要求的密封料应具有如下特点：

(1)合适的黏度、触变性及在固化温度下密封胶不外溢。

(2)快速固化，并且不形成空穴。

(3)密封胶中可析出的污染性离子的水平要低，比如氯化物离子、钠离子，以及可以水解的有机卤化物等的水平要低。

(4)机械强度高，内应力低，玻璃转化温度合适。

(5)抗潮湿和憎水性好。

(6)与 PCB 及芯片表面的附着黏结性好。

(7)导热性好，能有效地散热。

(8)电绝缘性好。

4.3 塑料封装的主要失效模式

用塑料封装的微电子器件的气密性不如用陶瓷封装的器件，也不如用金属封装的器件。这主要是由于塑料对潮湿气体的阻断能力不如陶瓷和金属，同时塑料的内应力也比陶瓷和金属大。塑料中的可游离离子含量以及离子的迁移能力远高于陶瓷和金属，这就使得塑料封装的抗潮湿性能低于陶瓷和金属。半导体器件的塑封材料主要是改性环氧树脂和硅酮树脂两大类，前者价格低、抗湿性好，又有高强度的黏附性，主要用于小功率器件 IC；后者高温性能好，主要

用于功率器件。

电子器件的失效可分为早期失效和使用期失效,前者多是由设计或工艺失误造成的质量缺陷所致,可以通过常规电参数检验和筛选进行检测。塑料封装器件很容易由于多种原因而导致早期失效。这些缺陷产生的根源很多,它们能够导致在塑封体各个部位产生一系列的失效模式和失效机理。缺陷的产生主要是由于原材料的不匹配、设计存在缺陷或不完善的制造工艺。

使用期失效则是由器件中的潜在缺陷引起的,潜在缺陷的行为与时间和应力有关,经验表明,吸潮、腐蚀和热机械应力、静电放电等产生的失效占主导地位。因此,对塑封料就提出了以下要求:

(1) 树脂渗透性小。因为渗透水分时,将受到水、钠离子、氯离子或具有极性基的有机物沾污,从而使铝布线与硅片接触部分恶化,并且使器件的漏电流增加。

(2) 塑料中杂质离子浓度小,也不能产生对半导体表面和电极金属有害的分解物。

(3) 热稳定性好。塑料的CTE必须与它相关的材料匹配,不至于造成封装后器件在温度变化时产生断裂。

(4) 加工性能好,尺寸稳定,成型后有好的机械强度。

塑封器件中可能出现的缺陷位置及类型见图4-10,下面就几个塑料密封的具体问题(抗潮湿性能、内应力、导热性、软错误、引线丝折曲变形等)加以分析。

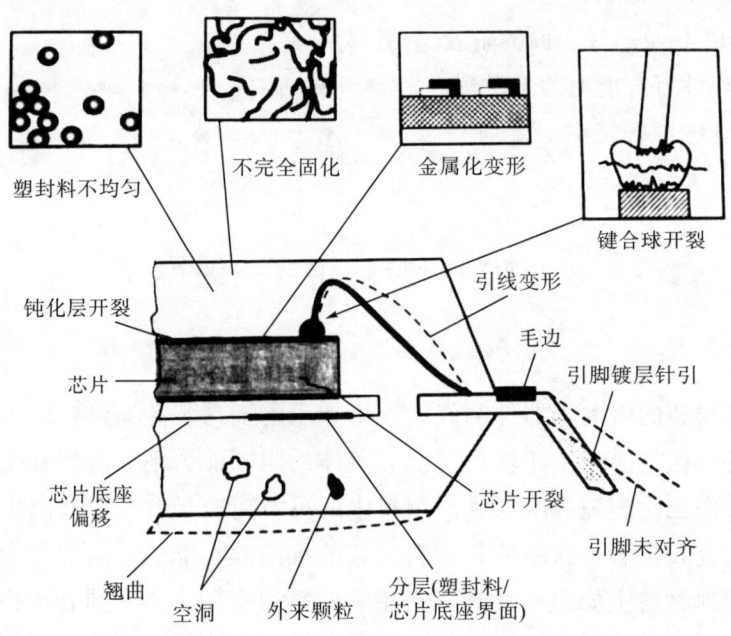

图4-10 塑封器件中可能出现的缺陷位置及类型

1. 抗潮湿性能

近 10 年来，塑料封装的微电子器件的抗潮湿性能已经有了非常明显的提高，尤其是由高性能的环氧树脂模塑复合料作封装时，由于纯度的提高和黏结性的改进，其抗潮湿性能明显地提高了。

另外，芯片设计上的改进，制造和装配工艺上的改进，以及芯片在封装前的钝化处理技术的提高，也使塑封器件的抗潮湿性能大大提高。

由于抗潮湿性能的提高，塑料封装与全密封的陶瓷和金属封装之间的差距变得越来越小。

无论如何，塑料封装中潮气渗透的量远比陶瓷和金属封装中的大。铝金属被腐蚀而导致的短路是造成器件在潮湿环境中失效的主要原因。

湿气可以渗透塑料体本身。由于毛细管作用，潮湿气更容易通过塑料和引线之间渗透，最后到达芯片表面而引起铝金属的腐蚀。当湿气达到芯片表面时，就会聚积成一层水分，游离离子就会被萃取到这些积水中。在这些游离离子的作用下，铝金属表面的氧化铝膜开始溶解，失去保护金属铝的作用。铝金属被腐蚀的第一步就是铝表面氧化膜的溶解，其反应如下：

$$Al_2O_3 + Cl^- \longrightarrow AlOCl + AlO_2^-$$
$$AlOCl + H_2O \longrightarrow AlO(OH) + H^+ + Cl^-$$

卤素离子，特别是氯离子，在氧化铝膜的溶解过程中起到了催化作用，使得铝金属直接暴露。氧化铝的溶解在阳极附近要比在阴极附近快，这是由于负离子(Cl^-)在阳极处的浓度大。

塑料封装料对基板、引线框架、金丝和芯片表面的黏结性能很重要，它直接影响封装器件的抗潮湿性能。黏结性不好时，塑料会很容易发生剥离现象，这样一来，水就很容易通过毛细现象而达到器件的关键部位。水会很快地聚积，以致于在阳极与阴极之间形成通道，促进腐蚀。

一旦氧化铝膜被溶解而铝金属暴露出来，铝金属的腐蚀过程就会以非常快的速度进行，铝金属与水的反应如下式所示：

$$Al + 3H_2O \longrightarrow Al(OH)_3 + 3/2H_2$$

在阳极处，由于催化的氯离子的存在，铝的腐蚀速度非常快：

$$Al + 3Cl^- \longrightarrow AlCl_3 + 3e^-$$
$$AlCl_3 + 3H_2O \longrightarrow Al(OH)_3 + 3H^+ + 3Cl^-$$

其他的负离子，如羟基(OH^-)和醋酸负离子也会与铝金属反应而导致铝的腐蚀。在阴极处，由于负离子的浓度低，腐蚀过程进行的很慢，有时可以忽略。

芯片表面钝化保护膜的应用使塑封微电子器件的抗潮湿性能大大地提高了。但是如果钝化膜本身形成很多针眼或微裂纹，就会明显降低其抗潮湿性能。一般来说，用氧化硅来做芯片表面的钝化膜是比较好的。氧化硅比含磷的氧化硅膜要好，因为磷杂质会降低二氧化硅的抗潮湿性能。

密封用塑料要纯净，离子的含量要尽量低，尤其是氯离子和钠离子要少，从而避免离子对金属引线的腐蚀。好的塑料封装要不透潮气、不吸潮气。并且有足够的硬化速度，CTE要低，弹性模量低，要有足够的抗热性，以便能够承受后续焊接工艺的要求。

氯化物离子以杂质的形式存在于很多塑料中，主要来源于环氧树脂中的有机氯化物的分解和水解。分解和水解作用会由于温度升高而加速，同时在有固化加速剂存在时也会加快。这些可分解的氯化物往往是制备环氧树脂时的副产物。

模塑和后续的固化过程，以及为了加速固化向塑料复合料中添加的加速剂等，都会加速有机氯化物的水解。

合适的模塑后的再固化会提高微电子封装的抗潮湿性能，而固化加速剂应该在再固化时转化为化学方面和电方面都具有惰性的物质，而不只是增加网链互交联的密度和提高玻璃转化温度。

硅树脂模塑复合料在再固化时增加了机械强度，因而明显地提高了微电子封装器件的抗潮湿性能。再固化的温度超过200℃是有害的，因为在高于200℃的温度下，多数阻燃剂，例如芳香族的溴化物和氧化锑会明显分解。

2. 内应力

由于芯片的尺寸越做越大，芯片也越做越复杂，芯片的功能越来越多，芯片的密度也越来越高，微电子器件对于塑料封装材料内部的应力也就越来越敏感。

塑料模塑封装的内部应力会引起各种各样的问题，比如芯片的翘曲变形、芯片表面钝化保护膜的破裂、塑料封装本身的破裂、金丝球键合开裂、金丝上端切断、铝线位移等，这些问题可以分为三类：

(1)塑料封装引起的内应力小于金属基板的临界强度，因而金属基板的形变是可复原的(可逆的)。

(2)塑料封装引起的内应力已经远远大于基板材料的临界强度，基板发生不可复原的变形。

(3) 存在棱角尖锐和弹性模量高的物体，容易导致应力集中。

早在 1980 年，就有将精细的橡胶质的材料加到模塑复合料中的做法，以便降低内应力。很多橡胶质材料，如乙基丙烯酸醋共聚物、硅橡胶粉末、聚合硅氧烷等带有可与环氧基团或酚的官能团反应的材料早已在应用。硅橡胶是应用最广泛的材料。

硅橡胶高温时稳定，低温性质也较好，同时它的电性质和介电性质都非常好。硅橡胶质封料的颗粒尺寸为 $0.1 \sim 0.3~\mu m$。掺和后的塑料模塑复合料的内应力比不掺和橡胶料的复合料要减小一半左右。橡胶颗粒与环氧树脂主体之间的化学键合良好。

另一种与内应力有关的问题是，金丝引线球键合脱离，金丝引线球键合根部剪切断裂以及铝丝线移动。在这种内应力引起的现象中，塑料封装复合料的应力可以大到使基板产生永久变形。采用低热收缩（低 CTE 和高 T_g）的塑料可以减少这种类型的内应力问题。

另外，铝线移动的问题可以通过施加芯片表面保护膜来解决。保护膜可使芯片表面平滑。

塑封料与金属引脚间 CTE 的差异也是产生应力破坏的原因之一。因此应用于塑封的引线框架和芯片承载底座部分往往制成凹陷的形状，以使 IC 芯片表面与引线框架内端在同一平面，有利于减小热压力，还有利于缩短焊接金丝的长度，减小传递铸模过程中发生金丝倒线短路的几率。

在做芯片的 WB 前，必须先将芯片贴装在基板的热盘上。一般是用银粉填充的环氧树脂粘胶作芯片贴装胶黏剂。芯片贴装后的胶黏树脂需要在烤箱中固化。芯片和塑料层压基板之间的热膨胀不一致（错配）是相当严重的。所以贴装芯片的粘胶材料对热应力的缓和及吸收能力是保证芯片贴装可靠性的关键。

3. 导热性

在塑料模塑封装中，塑料中的填充料起到非常重要的作用，它不单是为了通过减少塑料用量降低成本，其更重要的作用是增加塑料封装的导热性，降低 CTE 和内应力，提高封装的可靠性。

主要的塑料填充料为精细研磨的 α-石英、熔融石英、氧化铝或它们的混合物，此外，也可用黏土、玻璃纤维和某些有机填料。表 4-4 给出了一些塑料模塑复合料用不同的填充料时的不同性质。

表 4-4　塑料模塑复合料用不同的填充料时的不同性质

性质	熔融石英填充料	α-石英填充料	氧化铝填充料
CTE	低	高	低
导热性	低	中等	高
内应力	低	高	低~中等
模具损耗	低	中等	高

4. 软错误（soft error）

动态随机存取存储器（DRAM）和微处理器一类的器件对 α 射线是非常敏感的，α 射线会引起 DRAM 软件错误，导致暂存器的 1 错误地转变为 0，这主要是由于填充料，如石英填料中含有铀或钍等放射性元素，它们辐射的 α 射线会导致器件软错误。

有机成分，如环氧树脂和固化剂都是由蒸馏提纯的原材料制成，基本不含有铀和钍这一类放射性元素。

为了适应塑料模塑封装对低辐射填充料的需要，使用高纯度的石英作填料，α 射线辐射率应低于 $0.001α$ 粒子$/(h·cm^2)$，对于要求更高的 DRAM，可以用人工合成的氧化硅或特殊的研磨技术来得到低放射性填充料。

多数环氧树脂模塑工艺中使用氧化锑做阻燃剂。标准等级的氧化锑含有微量的铀和钍，因而不能被用于要求低 α 粒子的铸模中，为此，要使用人工合成的高纯氧化锑来做阻燃剂。

另外，在模塑复合料的制备中，也有可能由于金属的污染而导致放射性元素污染，因此在加工制作复合料时，必须小心防止这一类污染。

微量铀含量的测试可以用紫外（UV）荧光法来做，而微量钍含量的测试用感应耦合的等离子法来做。

5. 引线丝折曲变形

引线折曲变形是指连接芯片和引线框架之间的连接金属丝在传递模塑时被挤压弯曲变形，从而导致连接金属丝之间的短路。随着引线丝数量的增加以及引线间距的缩小，塑料模塑封装就更容易由于引线丝折曲变形而导致短路。

在传送力推动下,模塑复合料熔体流过芯片和引线连接线,熔体充满模塑腔室时,就会发生引线变形的问题。熔体的黏度越高、流动速度越大,引线变形就越严重。填充料的尺寸越大,引线变形也越大。

模塑复合料的熔融黏度越低,填充料的颗粒度越细,特别是当熔体以较低的速度传送时,引线变形就越小。图 4-11 是芯片模块在传递模塑封装后的 X 射线成像,可以看到引线出现了弯曲。

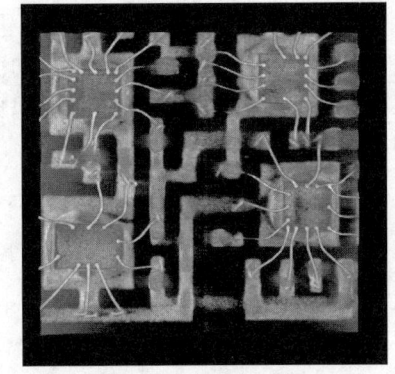

图 4-11 芯片模块在传递模塑封装后的 X 射线成像

4.4 PBGA 封装

4.4.1 PBGA 封装的特点

微电子器件不断地发展,复杂程度变得更高,I/O 数目更多,操作速度更快,每个芯片的功能更多,而成本却更低,器件的尺寸也更趋小型化。这样的发展已经远远超过了传统电子器件封装方法所能够承担的范围。应运而生的一种新的芯片封装技术就是 PBGA 封装,它成本低,使用方便,又是高 I/O 数目的表面安装的封装。在 PBGA 封装的下面应用焊锡 BGA 来提供高密度的高质量锡焊接互连接。这种封装很容易通过软熔焊安装到印制板母板上,因而生产效率非常高。

PBGA 封装具有比传统的有引线脚的塑封更加明显的表面安装的优越性。最主要的优点是 PBGA 封装的焊接缺陷非常低,每百万个焊接点可以只出现 20 个有缺陷的焊点。与之相比,具有多数量引线脚、精细线间距的塑封 QFP 的焊接点缺陷率却高达每百万个焊接点出现 500~2000 个有缺陷的焊点。

其他表面安装的优越性包括减少了引脚检验工作,减去了引脚拉直工序及麻烦又高成本的母板返修工作。此外,PBGA 封装也使得焊锡的印制设备和器件的提取和施放设备更简单。

传统的有引脚塑料封装的生产效率低有三个方面的原因:

(1) 由于引线脚不在一个平面上或者歪斜而易产生引线脚断路。

(2) 由于封装的错放或移动而造成的短路和断路。

(3) 由于引线脚之间的焊锡搭桥而造成的终端之间的短路。

而新的 PBGA 封装表面安装就不存在上述三方面的问题。PBGA 封装消除了脆弱的引线脚，同时又引入了可塌陷的焊锡凸点技术（C4 技术），PBGA 封装的焊接凸点焊锡球在焊锡装配过程中大约可以塌陷 0.15~0.20 mm，这就减弱了由于母板不平和翘曲、封装本身的不平或焊锡球的尺寸大小不均而造成的焊接缺陷。

由于 PBGA 封装的焊盘间距明显比有引脚的 PQFP 封装大，从而明显地减少了焊盘间短路的问题，同时焊接质量检查也容易多了。

更重要的是，PBGA 封装安装时，对于器件放置定位的允许误差要求不高，远不像精细线间距的 PQFP 封装那样严格。这不仅仅是因为焊盘间距大的关系，更主要的是 PBGA 封装在软熔焊接过程中具有自对准焊接功能。

熔融的焊接凸点焊球在接触到母板上的焊盘时，在毛细管作用和表面张力作用下，会自动地对准定位，如图 4-12 所示。

(a) 锡焊球接触焊盘
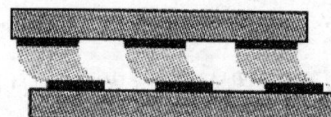
(b) 锡焊球熔融浸润焊盘
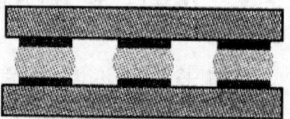
(c) 焊锡表面张力自对准

图 4-12　PBGA 封装的自对准焊接示意图

由于 PBGA 封装的自对准焊接特性，它的封装锡焊球即使相对于母板上的焊盘错位达到 40%，在软熔焊时也可以自对准而校正焊位。这种特性极大地增加了封装在母板上放置定位的配合允许误差。PBGA 封装的自对准特性使装配时不必使用昂贵的表面安装定位安放设备，从而节省了大量的资金和人力。

4.4.2　塑料 BGA 封装结构和制造工艺

典型的塑料球阵列芯片封装是用 BT 树脂基覆铜板作为印制电路基板，基板制成引线框架的格式，因此芯片安装也与前面介绍的引线框架相同，采用的也是芯片贴装、WB 以及模塑工艺等传统塑封 IC 的设备，只有很少量的卡具的改动及温度和材料的变动。图 4-13 是塑封 BGA 的结构剖面图。

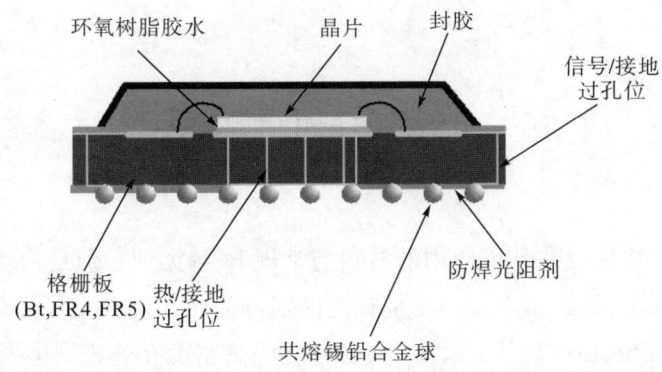

图 4-13 塑封 BGA 封装结构剖面图

PBGA 封装的基板根据芯片焊点的多少，可以采用双面覆铜箔层压板或多层的 PCB。层压板材料是由玻璃纤维增强树脂（如 BT 树脂）压制的。PBGA 封装基板是以条状板的形式加工的。芯片是用银粉填充的环氧树脂粘胶贴装在条板的每个芯片位置上。贴装工艺和设备基本与塑料 QFP 封装的芯片贴装相同。

芯片与基板之间可以采用 WB，即将芯片上的焊点与基板上的焊接位用金属引线连接起来，是用金丝键合引线，用超声波热压丝焊法，将 IC 芯片上的铝压焊点与基板上的镀金压焊点相互连接起来。WB 的温度要比 QFP 的键合温度低，所以要严格控制超声波热压键合的温度。PCB 层压板上的键合压焊点一般为铜箔上镀镍、最后镀金。在这里，金的纯度、金层的厚度、镍层的厚度、镍的硬度以及压焊位的尺寸都要严格控制。

有一种层压板新型材料称为陶瓷芯基板（ceracom），是将多孔陶瓷（泡沫陶瓷）作为基质板，用环氧树脂浸渍并完全充满陶瓷的孔隙，使其看上去像是塑料树脂板。这样板材的性质就介于陶瓷和塑料之间，因而其导热性和机械稳定性都比一般的塑料树脂板好。

如果用堇青石做陶瓷板芯，那么最终的层压板的 CTE 就会降到 $4\times 10^{-6}/℃$，即非常接近硅芯片的 CTE。同时，这种层压板的机械加工性能也非常好，可以如同一般的 PCB 一样做钻孔等加工。

塑料封装的弱点之一就是它的散热性能较差。但是如果在塑料封装中加入一个铜嵌片就会大大改善封装的散热性能。有铜嵌入片的塑料封装可以达到甚至好于陶瓷基片封装的散热性能。导热通孔也可以改善塑料板封装的散热能力。

目前，随着倒装芯片的大量应用，FC-PBGA 的塑封形式已经很普遍，这就对承载芯片的基板提出了更高要求，基板要求微小通孔和埋孔，微小焊盘，细线条，而采用常规的 PCB 制造技术无法满足要求。下面着重介绍 HDI-PCB 技术。

4.5 树脂基板的制造技术

虽然 BGA 芯片封装基板使用的材料与常规 PCB 类似，但是由于所形成的布线是高密度的，因此其加工方法还是有所区别，为此人们开发了 HDI-PCB(high density interconnection PCB)技术，或者称之为高密度互连积层多层板技术。

PBGA 封装采用的是 BT 树脂(bismaleimide triazine resin，双马来酰亚胺改性三嗪树脂)作为基板材料，具有高 T_g(255~330℃)、好的耐热性(160~230℃)、抗湿性。BT 树脂材料属于氰酸酯(cyanate ester)，早在 1970 年就由日本三菱瓦斯化学公司(Mitsubishi)开发出来了。BT 树脂具有非常良好的电性能，它的介电常数 ε_0 为 4.2~4.5，介电损耗正切也只有 0.006~0.009。但是 BT 树脂也存在与铜箔之间的胶黏强度差的问题。即便如此，BT 树脂也已经被用于高性能的 PBGA 封装有十多年了。

对于双面的 PBGA 封装基板，BT 树脂基板与一般 PCB 铜箔基板的制作方式相似，先将 BT 树脂配制成 A-stage 的凡立水(varnish)，再将电子级玻纤布含浸 BT 树脂凡立水，经过烘干、裁切之后形成 BT 胶片，BT 胶片再经上、下两面铜箔压合后即形成 BT 铜箔基板。在作为基板使用的时候，双面板还是要经过光刻得到铜引线，以及通过钻孔和金属填孔实现引线和背面的 BGA 焊盘的导通。BT 树脂的价格大约是环氧树脂的两倍，有时为了降低成本及改善树脂/铜箔之间的附着力，在一些使用频率不高的场合，会把 BT 树脂与环氧树脂混合后再使用。

HDI 技术是 PCB 技术的进一步发展，HDI 板区别于其他类电路板在于其具有轻、薄、短、小的特点。和传统 PCB 对比，它的布线密度更高，更易于满足高密度封装的需要，因此在 PBGA 封装中得到了广泛的应用。HDI 板有两种结构，一种是以传统 PCB 为芯板，在其双面不断积层层压的结果，这种不断积层的方式制得的电路板在日本也被称为积层多层板(build-up multilayer，BUM)，我国称之为高密度互连积层多层板(HDI-BUM)；另一种是全部由积层堆叠而成的积层多层板(没有芯板)。

HDI 板的特点在于高密度布线，指标有：①层间通孔的孔径在 0.1 mm 以下，且孔环在 0.25 mm 以下，孔密度大于 93 孔/cm^2；②焊点密度大于 20 点/cm^2；③导线或线间距小于 0.075 mm，布线密度大于 46 cm/cm^2；④介质厚度小于

0.1 mm。

与传统 PCB 相比，HDI 板具有以下优点：①板内含有盲孔、埋孔等微通孔设计；②微孔的寄生电感和寄生电容小，只有传统 PCB 的 1/10；③减少了线间的信号反射和串扰，噪声降低，有利于提高信号完整性；④布线密度高，层数少，便于设计和加工，可以把接地层布到 HDI 表面，减少接地回路环线的尺寸，大大降低了射频干扰和电磁干扰。

常见的增层互连技术有任意叠孔互连（free via stacked up structure，FVSS）技术、任意层内互连孔（any layer inner via hole，ALIVH）技术、嵌入凸块互连技术（buried bump interconnection technology，B^2it）、铜凸块导通互连（neo-manhattan bump interconnection，NMBI）技术等。

本节首先介绍传统 PCB 的制作技术，再分别介绍"有芯"和"无芯"HDI 板的制作技术。

4.5.1 传统 PCB 的制作技术

4.5.1.1 PCB 的组成

PCB 层压板包含三种主要成分：玻璃纤维、树脂（它与玻璃纤维复合后构成介质）和金属箔（通常是铜），其中玻璃纤维作为基板的骨架，树脂是填充材料，铜箔则是信号的传输通道。在层压板中，对于基板的不同状态，分为 A、B、C 三个类型。

A 型：完全未反应的树脂板。玻璃纤维布展开，通过一个装有树脂的浸渍盘，树脂浸入玻璃纤维布。该阶段无论是树脂还是液体，都无法直接用于 PCB 制作。

B 型：或称为半固化片。树脂渗入纤维，通过一组滚轴来控制厚度，然后移动通过一个固化炉对纤维上的树脂进行部分固化。这时环氧树脂产生部分交联，在常温下是固态，但是加热后回复到黏滞液体状态，该纤维-树脂合成物被称为 B 型或半固化片。理想情况下，半固化片触摸起来是干的，但在加热后能软化并在层压压力下实现最佳黏结。如果半固化片欠固化，它们触摸起来就不是干的，在层压的加热加压工艺过程中，树脂会被挤出层压板，于是在层压板上存在树脂分布不均匀的现象；另一方面，如果半固化片过固化，在层压工艺中将导致层间黏附强度很差，在各树脂层间和它们与铜箔间的黏结强度都差，在最终的 PCB 层压板中会出现分层和铜易剥离等问题。半固化片应该在冷却和干燥条件下运输和储存。半固化片的关键因素是保持纤维和树脂的比例、最终的材料厚度和树脂的固化(聚合)程度。要监测的关键机械参数是滚压的厚度、纤维通过处理器的速度、处理器内空气的流速和炉子温度。半固化片是 PCB 制造中的关键材料,通常用来作为黏结剂。

C 型:完全固化了的纤维-树脂板,称为 C 型层压板。它是由半固化片在规定的时间、压力和温度下制成,这样有利环氧树脂完全固化。C 型板的表面一般会铺上铜箔再进行固化,是可以对其进行后续加工的层压板,通常所说的 PCB 就是 C 型的层压板。在制造单面和双面 PCB 中所用的层压板通常采用厚的 C 型片(大于 0.75 mm),且由一定数量薄的未敷铜的 B 型片交互层压制成。

4.5.1.2 多层 PCB 的制作技术

传统多层 PCB 加工的简化流程为:半固化片→覆铜箔→加热固化→掩膜刻蚀线路→层压前处理→层压→机械钻通孔→除胶渣→镀铜(化学镀)→光制掩蔽膜(负相导电图形)→线路图形电镀铜加厚和镀锡→去锡→图形蚀刻→阻焊图形→表面镀镍和金→清洗→电测试→产品检验。

1. 覆铜固化片制作

利用铜箔蚀刻法制作 PCB 导线是现代印制电路传输线最流行的制造技术,包括在半固化片双面覆铜箔、加热固化、掩膜刻蚀线路等过程。在玻璃纤维布增强环氧树脂半固化片的两面分别覆盖铜箔材料,然后通过高温热压合形成覆铜箔基板(copper clad laminates,CCL)。铜箔蚀刻法就是在覆铜箔基板的两面贴上抗蚀刻光阻薄膜(dry film,简称干膜),在干膜上曝光完成导线图形的影像转移,然后通过碳酸钠溶液显影,去除不需要保留的铜箔上的抗蚀刻光阻薄膜,再用氯化铜蚀刻液通过化学反应去掉不需要的铜箔,最后采用氢氧化钠溶液剥去导线上覆盖的干膜,这样就完成了具有双面导线的内层 PCB,称为内层芯板。

反应原理为

$$主反应:Cu+CuCl_2 \Longrightarrow 2CuCl$$

$$再生反应:2CuCl+2HCl+H_2O_2 \Longrightarrow 2CuCl_2+2H_2O$$

2. 层压前处理

层压前处理是多层板制作工艺中最关键的工序之一,其目的是对铜表面进行清洁和粗化处理,保证压合的层间结合力在各种环境及可靠性测试时不分层,保持稳定的互连特性。常用的层压前处理有黑化和棕化两种工艺，原理都是通过化学反应对铜箔表面进行预处理，促使压合时与半固化片之间形成良好的结合力。

黑化是通过氧化和还原反应，在铜箔表面形成一层由氧化铜(CuO)、氧化亚铜(Cu_2O)和铜单质混合的针状"氧化绒毛"，压合时，熔融的树脂在流动过程中与"氧化绒毛"形成良好的物理结合力。棕化是通过硫酸和过氧化氢的微蚀作用对铜面进行粗化，同时利用铜原子的最外层电子与咪哩类杂环化合物氮原子的最外层电子轨道形成共价键，在铜箔表面形成一层有机金属薄膜，在压合时，这层有机金属膜可与树脂材料形成化学键，使多层电路板具备良好的层间结合力。

3. 层压

层压是将薄的双面覆铜的内层芯板（C 型固化片）与薄的 B 型半固化片交叠放在一起。内层芯板上的铜箔刻蚀后形成线路，半固化片软化起到黏结的作用。每一层的典型厚度为 0.1~0.2 mm，在叠层的顶部和底部可以是 C 型固化片或 B 型半固化片，上下表面都覆有铜箔。

叠板与压合是将制作好的内层芯板与半固化片按照设计的顺序叠放，然后进入热压机进行压合，使之熔合在一起。层压时按照设定温度-压力参数，B 型半固化片的树脂熔融，把覆铜 C 型固化片粘在一起，形成一体。半固化片也从 B 阶段（B-stage）转变到 C 阶段（C-stage），最后整个冷却形成多层板。在真空层压过程中，温度、压力和时间是最重要的三个参数，决定了一个层压周期，压力的作用是挤压多层板层间的空气，并通过挤压促进树脂的流动来填充导线间隙。通过加热促使树脂熔化，从而使树脂可以充分地润湿导体图形并与铜箔形成良好的结合力。时间设定决定了升温速率，不同介质材料需要不同的升温速率，升温速率太快会造成固化不均匀，升温速率太慢会使树脂流动度降低，容易形成空洞与气泡，并使介质厚薄不均匀。

4. 导通孔制作

多层 PCB 的层间导通依靠金属化导通孔来实现，层间导通孔的制作工艺分为机械钻通孔、去毛刺、除胶渣、化学沉铜、电镀铜等步骤，在图 4-14 中对应的步骤是 9 和 10。

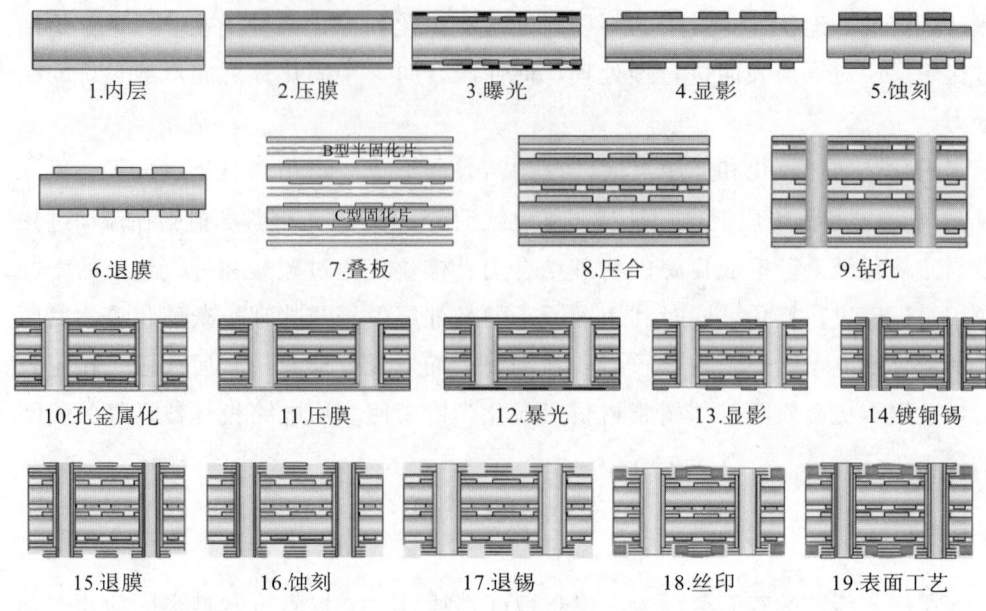

图 4-14　PCB 流程

机械钻孔是利用钻头在数控机床上加工与原始设计直径相同的通孔,将原始设计的导通孔以相对坐标按序排列组成数控机床专用的计算机程式,然后输入数控机床的计算机中,计算机根据孔位坐标给出指令完成导通孔的加工。在导通孔钻孔过程中,由于钻头在高速旋转过程中产生摇摆,以及钻头在加工过程中的精度误差,因此实际的导通孔直径与设计值的大小存在差异,有可能影响高速信号的完整性。

去毛刺采用机械刷磨,将机械钻孔时遗留的玻璃纤维和铜箔去除,保持孔壁光滑;胶渣是钻孔时造成的高温超过环氧树脂的玻璃化转变温度,环氧树脂软化形成融熔态而凸出孔壁所形成,采用化学方法可以去除。化学清洗的方法使化学沉铜层可以很好地附着于孔壁,同时保证内层铜布线与导通孔可以有效地连接。在孔壁上化学镀铜,一般采用钯作为活化剂,甲醛作为还原剂,其原理如图 4-15 所示。电镀铜的目的是在具有导电功能的化学沉铜层上通过电镀加厚,镀上具备一定厚度的铜层,把通孔填满,使多层 PCB 具备可靠的层间互连特性。

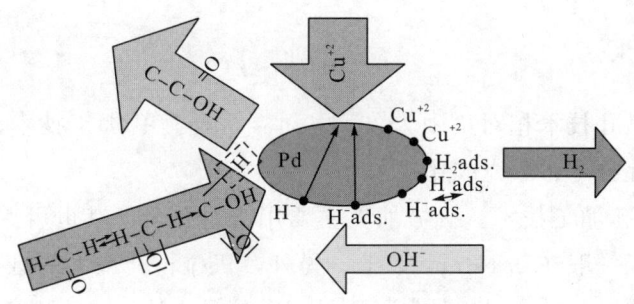

图 4-15　钯作为活性剂的化学镀铜

5. 表面处理

在外层铜箔表面贴上干膜，刻蚀出线路图形，再电镀加厚，直到镀至客户所需求的厚度，再镀一层锡作为保护层，称为带胶电镀。去除干膜，原来干膜覆盖的铜箔就露出来了，这些铜是线路以外的部分，是不需要的，要求去除。这时就利用刻蚀液的选择性腐蚀，只腐蚀铜不腐蚀锡，这样线路部分就被保留下来。再用另外的刻蚀液去除线路表面的锡，就完成最外两层的导线图形制作。最后在 PCB 的表面涂覆上阻焊层和表面处理后，就形成了完整的 PCB。

4.5.2　HDI 制作技术

4.5.2.1　HDI"有芯"板制作技术

HDI"有芯"指的是在传统 PCB 的表面制作高密度的多层布线的技术，FVSS 主要依靠激光钻孔和电镀填孔技术完成，是由核心部（简称芯层）芯层通孔向上下方向堆叠积层的过程，图 4-16 是积层印制板的构造示意图，核心部是传统的 PCB，积层部是高密度布线层。该技术与传统的 PCB 技术有相同之处，易于实现，是目前国内的主流技术，其关键在于层间互连微孔的制作和填孔电镀等技术环节。

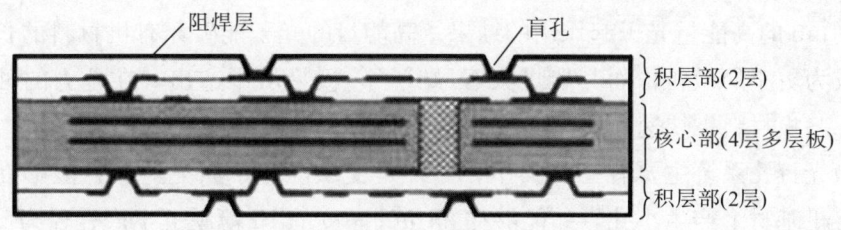

图 4-16　积层印制板的构造（2+4+2 结构）

1. 微孔加工技术

近年来，微孔技术相对集中为以下几种：机械盲孔加工技术、感光蚀孔技术、等离子蚀孔技术、激光成孔技术等。

(1)机械盲孔加工技术：机械加工主要用于通孔，但其也可用于盲孔制作，所得的盲孔孔径一般在 0.15 mm 以上。另外，机械盲孔最大的难点是机械钻头在钻孔深度方向上的精度难以控制，因此目前这种方法很少采用。

(2)感光蚀孔技术：一种比较过时的盲孔制作方式，早在 1986 年就有相关的专利出现。其过程是在裸露的芯板上涂覆一层感光介质材料，要求与芯板铜箔表面具有良好的黏结性能，当介质层涂覆到所需厚度时进行曝光处理，介质层固化后利用高锰酸盐进行显影去除孔位树脂介质，孔金属化后完成盲孔制作。

(3)等离子蚀孔过程：也被称为电浆蚀孔增层法，其过程是首先在层压板孔位处利用蚀刻或者激光烧蚀等方式开窗处理，去掉盲孔位置外层铜箔，然后放入等离子真空室，利用高活性的等离子气体（O_2、N_2、CF_4 等）自由基将介质层腐蚀去除，从而形成盲孔。但是，由于等离子自由基的无方向性咬蚀，容易出现侧蚀现象，使所得的盲孔呈鼓形，这给随后的盲孔金属化过程带来了挑战。另外，等离子气体对所咬蚀的介质基材具有一点的选择性，只适用于较薄的基材，这在一定程度上限制了等离子蚀孔技术的应用。

(4)激光成孔：是目前应用最为广泛的盲孔加工技术，也是目前最普遍应用的微小盲孔加工方式。激光能量的波长主要分布于红外线和紫外线区域，激光钻孔要求控制激光束的能量大小，高能激光束可以切割金属和玻璃纤维，而低能的激光束可以很好地去除有机物而保留完好的金属部分。

激光钻孔的原理主要有光热烧蚀和光化学烧蚀两种。①光热烧蚀：指被加工的材料吸收高能量的激光，在极短的时间内加热到熔化并被蒸发掉的成孔原理。②光化学烧蚀：是紫外线区所具有的高能量光子（超过 2 eV）和激光波长超过 400 nm 的高能量光子起作用的结果。高能量的光子能破坏有机材料的长分子链，成为更小的微粒，而其能量大于原分子，极易从中逸出，在外力的抽吸作用下，基板材料被快速除去而形成微孔。

激光打孔系统主要有三种类型。一种是受激准分子激光器，它能够在大部分的有机基材上产生小孔，如能够在 25 μm 厚度的 PI 薄膜上生产孔径为 10 μm 的孔。受激准分子激光器的最大缺点是速度太慢，因此仅用于高附加值的元件，或在不考虑加工成本的时候使用。

另一种是 UV 激光打孔。铜箔和树脂都能够吸收 UV 波长的光，吸收的能量足够多时，铜箔的金属键、树脂的共价键断裂，材料分解成为超细微粒而逸去，从而留下微孔。树脂对 UV 激光的吸收也是光化学烧蚀原理，加工过程中不发生高热，能获得孔壁和底部干净的孔，因而又成为冷加工成孔。它尤其适合在挠性板基材上制作孔径 25~50 μm 的微孔。当孔径较大，大于 75 μm 时，其生产能力下降，则可选择 CO_2 激光打孔的方式。

最后一种是 CO_2 激光器。由于铜箔不能吸收 CO_2 激光的红外波长，只有树脂能吸收红外波长。因此在钻孔前必须先用 UV 激光或化学蚀刻的方法在铜箔上开窗口，以便树脂吸收红外波长产生热量直至烧蚀去树脂，即通过光热烧蚀的作用形成微孔。这种方法适合加工孔径大于 75 μm 的孔，钻孔速度快，生产效率比前两种方式都要高。

激光打孔设备投资大，但相对其他方法精度高、工艺稳定、技术成熟，是目前盲埋孔制作最常用的方式，现今 99% 的 HDI 微孔都是采用激光打孔实现的。

2. 微小孔金属化

一般将板厚/孔径比大于 5∶1 的称为深孔，HDI 板已远远超过这个比例，该比例越大，镀液在孔内的流动性越差，孔壁越容易产生气泡，孔金属化在整个孔内达到镀层的均匀越困难。微小孔的深孔镀技术除采用高分散能力的镀液外，还要在电镀设备上进行改进，促进孔内镀液的及时更新，如可采用强烈的机械搅拌、震动、水平喷镀等技术，另外还要注意孔壁镀前处理，设法提高孔壁的湿润性等。除了以上工艺上的改进外，HDI 板的孔金属化方法也有所改进，主要的技术有化学镀加成技术和直接电镀技术。

化学镀加成技术是在孔壁形成活性中心，溶液中的金属离子在此被还原，从而沉积到微孔内。这样可以得到厚度均匀、填充饱满的化学镀层，是小孔深镀的一种主要方法。

直接电镀技术是把导电膜涂覆在非导体的表面，然后进行直接电镀，按照导电膜的不同可分为碳膜法、钯膜法和高分子导电膜法。其中碳膜法是主导方法，即通常所说的黑孔技术。黑孔液在吸附过程中呈物理性，不发生化学反应，也就不存在因化学反应而消耗其他成分的现象。无需分析及调整溶液，根据实际生产的减损来补加新液，即可保证其工作性能。黑孔液具有良好的稳定性，在完成对钻孔后的覆铜板的吸附过程中无氢气析出,这对保障印制板的层间互连质量是一个极为重要的因素。该法减少了有害化学药品的使用和维护,简单可靠,降低了成本,并能提高互连的可靠性,是前景很好的一种孔金属化方法。

除金属化外,实现层间线路导通的还有填充导电胶或导电柱等方式。直接电镀技术打破传统化学镀的限制,在微孔金属化方面迈出了新的一步,但不同的金属化方法各有长短,没有一种方法能处于垄断的地位,应根据公司的实际情况以及产品的生产要求合理选择。

3. 细线路刻蚀技术

精细线路的实现方法有传统图形转移法和激光直接成像法。传统图形转移法即通用的化学蚀刻做线路的方法。在覆铜板的铜面上涂覆一层感光膜,然后进行曝光处理,显影去掉未感光部分,最后用化学药液腐蚀出电路。该方法成本低,技术成熟,目前用于大批量生产,可以制作间距大于 $150~\mu m$ 的板。

激光直接成像技术不需要照相底片,采用计算机设计版图,直接驱动激光束在专门的感光干膜上成像。激光直接成像采用 UV 波长光工作,使得液态抗蚀剂能够满足高解像力和简化操作的要求,并且不需要底片,避免了底片缺陷产生的影响以及修板,缩短了生产周期,适用于小批量、多品种的生产。激光直接成像技术非常适合制作超细布线的线路板,目前能够制作低至 $15~\mu m$ 线宽线距的 HDI 板。

4. 含埋盲孔 HDI PCB 的一般制作流程

HDI 板的制作是一个很复杂的过程,制造过程根据 HDI 板结构的不同有很大的区别。根据不同积层次数中出现的盲孔阶数,可将含盲孔的 HDI 板划分为 $1+n+1$ 型和 $i+n+i(i>2)$ 型,其中 n 表示芯板的层数,i 表示外加积层的层数。

HDI 板的制作流程是一个由内向外的积层过程。$1+n+1$ 型 HDI 板只有一阶积层盲孔,其制作工艺最为简单,难度也最低,是最普通的 HDI 结构。对需要通过两次及以上的积层形成的 $i+n+i$ 型 HDI 板,不同积层中的盲孔位置包括错位式或堆叠式。根据堆叠方式的不同,其制作难度有很大差异,一般要求较高的叠孔设计需电镀填孔,积层次数的增加会急剧增大 HDI 工艺的制作流程。

图 4-17 是 HDI 板的制作工艺流程示例,通孔采用等离子刻蚀加工,整个流程简述如下:

(1) 制作芯板，对芯板打孔形成通孔。在芯板表面涂覆一层绝缘树脂，该树脂能够与 PCB 形成良好的粘接效果；具有好的流平性，能够填充铜布线之间的空隙，固化后表面比较平整，因而具有良好的敷形性。烘干后树脂处于半固化状态(B 阶树脂)。

(2) 贴压铜箔，对布线板进行加热加压，使树脂固化。在铜箔表面涂覆光刻胶，曝光后露出微孔位置。对微孔位置进行酸蚀，去除铜，露出树脂层。对树脂层进行等离子刻蚀，得到微孔。

(3) 通过化学镀铜和电镀铜，对微孔进行填充，形成通孔，用于实现层与层之间的导通。

(4) 去除光刻胶，对铜箔进行表面处理(有利于再涂覆绝缘树脂)；刻蚀铜箔，得到布线图形。

(5) 重复以上步骤，直至得到所需要的高密度布线板。

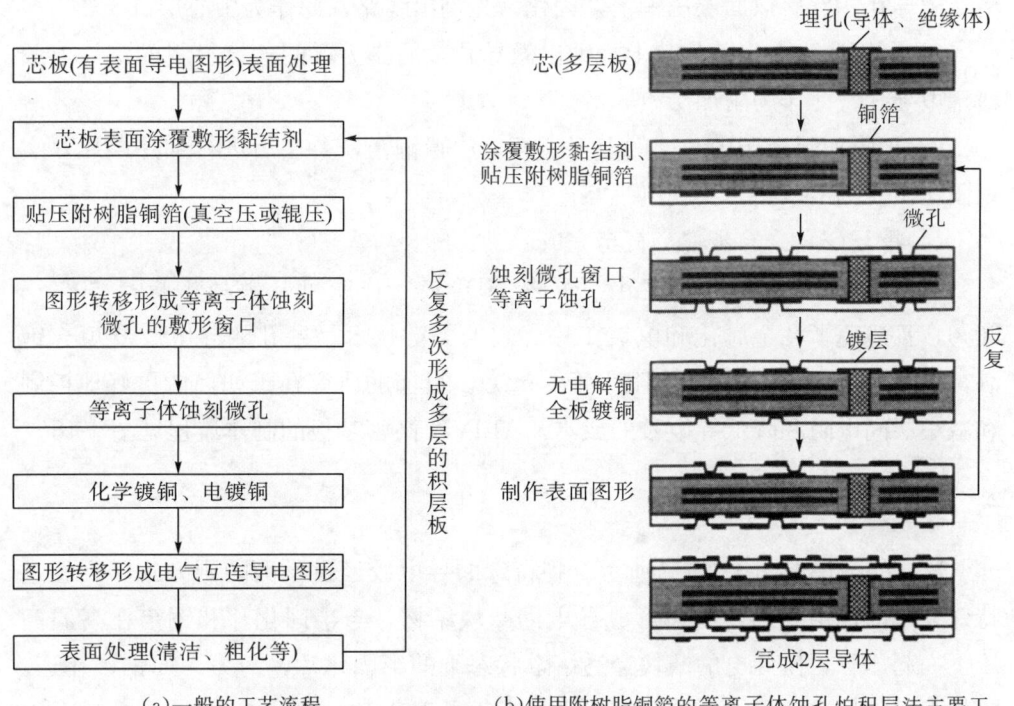

(a) 一般的工艺流程　　　(b) 使用附树脂铜箔的等离子蚀孔怕积层法主要工艺示意

图 4-17　等离子刻蚀 HDI 板制作工艺流程

4.5.2.2 HDI "无芯"板制作技术

HDI "无芯"板中,ALIVH 技术、B^2it 都属于该技术范畴,在此简单予以描述。

1. ALIVH

ALIVH 中的绝缘介质是浸渍了耐高温环氧树脂的芳酰胺纤维无纺布,层间互连的通孔材料是铜导电胶。芳酰胺纤维无纺布的固化片介电常数低,x-y 平面 CTE 小 $[(6\sim10)\times10^{-6}/℃]$;铜导电胶由铜粉、硬化材料、环氧树脂等组成,导电特性较好,可靠性高。

ALIVH 的实现步骤是:

(1)利用激光在半固化片上烧蚀出微导孔,用作为层间连接材料的铜导电胶堵塞微导孔,然后双面层压铜箔,固化,光刻出线路,此作为中心层。

(2)利用激光在半固化片上烧蚀出微导孔,用作为层间连接材料的铜导电胶堵塞微导孔。此作为附加层。

(3)把附加层置于中心层的上下表面,放置铜箔,叠层后进行加热层压,实现固化。光刻出线路,实现电气互连。

(4)重复(2)、(3)步骤,直至完成。

ALIVH 结构更加高密度化,可将 HDI 板互连密度从整体上提高 30%~50%,且避免了孔金属化和电镀工序。它的关键技术是塞孔的导电胶要填充饱满,电阻低(每个孔的接触电阻小于 1 mΩ)。目前的研究在于如何能更好地控制和减小层间电阻和降低导电胶的成本。ALIVH 高密基板的制作流程见图 4-18。

2. B^2it

B^2it 的凸块如图 4-19(a)所示。将特殊的导电胶经过丝网印刷方式印到经过特殊处理的铜箔表面,固化形成导电的凸块结构,与半固化片和铜箔在高温高压下一起压合,使导电的凸块穿透熔融状态下的半固化片,与另一面铜箔相连。该技术很好地避免了微孔的制作,更加简化了生产工艺流程。

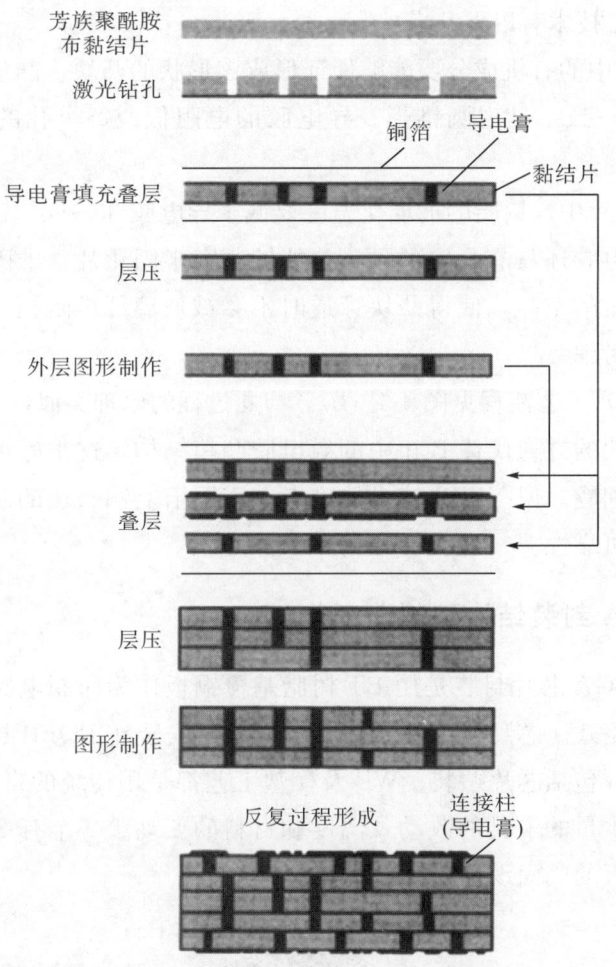

图 4-18 ALIVH 高密基板的制作流程

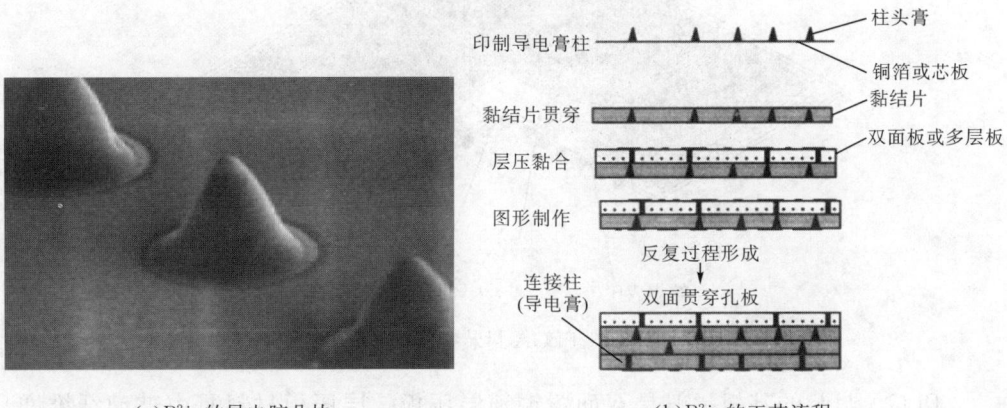

(a) B²it 的导电胶凸块　　　　　　　(b) B²it 的工艺流程

图 4-19 高密度多层布线基板的 B²it 制作技术

B²it 的关键技术有以下几点：

(1) 导电胶中的有机成分要能够保证形成该形状的凸块。凸块的高度要求一致，底部宽度一致，呈现圆锥形。导电胶的电阻低，每个孔的接触电阻小于 1 mΩ。

(2) 半固化片中，树脂的玻璃化温度要低于导电胶 30~50℃。能够保证半固化片软化时导电胶还具有一定的硬度，能够刺穿半固化片。半固化片中的玻璃纤维布具有一定的空隙，使得凸块穿透时不会被玻璃纤维阻挡，这一点要在电路设计时予以考虑。

B²it 的 HDI 工艺流程见图 4-19(b)。与此过程的原理类似，NMBI 技术是以电镀沉积铜凸块的方式代替 B²it 中的导电胶凸块结构，这很好地解决了导电凸块的高电阻等问题。但 NMBI 技术的难点在于铜箔上铜凸块的制作及铜块与铜箔之间连接的可靠性。

4.5.3　PBGA 封装结构和制造工艺

典型的 PBGA 芯片封装是用 BT 树脂基覆铜板作为印制电路基板，基板制成引线框架的格式。芯片安装在基板上的方法与安装在 PQFP 封装上的方法相同。安装工艺，包括芯片贴装、WB 及模塑工艺都是用传统的自动塑料 IC 安装设备，只有很少量的卡具的改动及温度和材料的变动。一个有 225 个凸焊点的 PBGA 封装基板的底面设计见图 4-20。

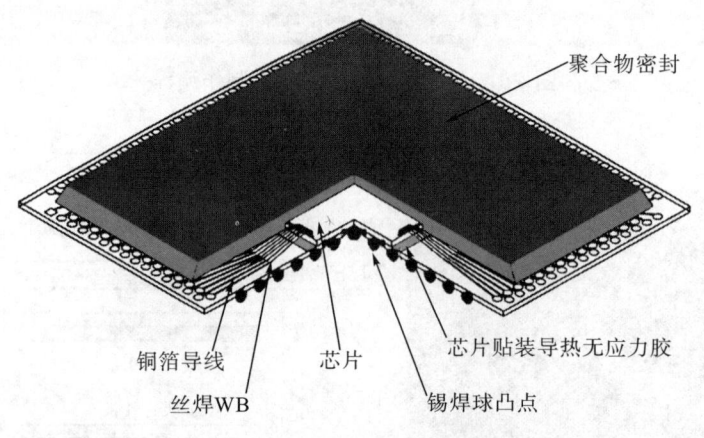

图 4-20　PBGA 封装基板底面图

PBGA 封装的基板一般是双面覆铜箔层压板。层压板材料是由玻璃纤维增强树脂(如 BT 树脂)压制的。PBGA 封装基板是以条状板的形式加工的。芯片是用银粉填充的环氧树脂粘胶贴装在条板的每个芯片位置上。贴装工艺和设备基本上与PFP的芯片贴装相同，只是由于PBGA封装基板条比较厚，所以要对夹具稍作改动。芯片贴装的树脂一般要在175℃且有空气流通循环的烤箱中固化。

WB即将芯片上的焊点与基板上的焊接位用金属引线连接起来，是用金丝键合引线和超声波热压丝焊法，将IC芯片上的铝压焊点与基板上的镀金压焊点相互连接起来。WB的温度要比QFP封装的键合温度低，所以要严格控制超声波热压键合的温度。PCB层压板上的键合压焊点一般为铜箔上镀镍，最后镀金。在这里，金的纯度、金层的厚度、镍层的厚度、镍的硬度及压焊位的尺寸都要严格控制。

由于PBGA封装没有悬浮的引脚，所以在作芯片贴装、WB及模塑等工序时，引线数高的芯片封装的成品率很高。

WB后的条板就进入模塑工序。用酚醛树脂为每一个芯片作传递模塑密封，而PCB层压板的底表面仍然是裸露的，模塑树脂的固化是在空气循环的烤箱中，在175℃温度下烘烤约6个小时。密封固化后，模塑密封的表面用红外热固化的印墨打标志，也可以用激光来打标志。

模塑封装芯片后，就要在封装基板底部的焊接位上安装铅锡共熔体的焊锡球。首先要放焊剂，然后将焊锡球料施加在各个焊接位上。在红外炉中，焊锡球料经过软熔焊与基板上的焊接点形成金属焊接。焊球的高度和各个焊球之间的齐平程度要设计好，达到最终表面安装的要求。影响这一步骤的因素是焊球的直径、软熔焊的温度和时间及层压基板上的阻焊膜在焊接位上的开口尺寸。然后是用清洗液清洗来除掉残留的助焊剂。最后就是完成测试工作，把封装好的PBGA分离，将每个封装好的集成电路从条板上切下，进行成品运输包装。

主要参考文献

[1] 杨邦朝,张经国. 多芯片组件(MCM)技术及其应用[D]. 成都:电子科技大学出版社,2001.

[2] 中国电子学会电子制造与封装技术分会,电子封装技术丛书编辑委员会. 电子封装工艺设备(电子封装技术丛书)[D]. 北京:化学工业出版社,2012.

[3] 周良知. 微电子器件封装:封装材料与封装技术[D]. 北京:化学工业出版社,2006.

[4] 田民波. 电子封装工程[D]. 北京:清华大学出版社,2003.

[5] 中国电子学会生产技术学分会丛书编委会. 微电子封装技术(电子封装技术丛书)[D]. 中国科学技术大学出版社,2003.

[6] 况延香,朱颂春. 几种常用的FC互连凸点制作工艺技术[C]. 中国电子学会全国第六届SMT/SMD学术研讨会,2001:119-130.

[7] Charles A H. 贾松良. 电子封装与互连手册(第4版)(微电子技术系列丛书)[D]. 蔡坚等译. 北京:电子工业出版社,2009.

[8] 张文典. 实用表面组装技术(第2版)[D]. 北京:电子工业出版社,2006:224.

[9] 吴兆华,周德俭. 电路模块表面组装技术[D]. 北京:人民邮电出版社,2008.

[10] 成兴明. 环氧模塑料性能及其发展趋势[J]. 半导体技术,2004,29(1):40-45.

[11] 母继荣. 环氧树脂在半导体器件中的应用及发展[J]. 化工进展,2001,(5):28-31.

[12] 李乙翘,陈长生. 印制电路[J]. 北京:化学工业出版社,2007.

[13] 王慧秀. 挠性HDI板关键技术研究[D]. 成都:电子科技大学,2007.

[14] 国家技术监督局. 中华人民共和国国家标准GB/T 14112-1993 半导体集成电路 塑料双列封装冲制型引线框架规范[S]. 1993.

[15] Haleh A,Michael G P. 电子封装技术与可靠性(电子封装技术丛书)[D]. 中国电子学会电子制造与封装技术分会译. 北京:化学工业出版社,2012.